뭐부터 읽어야 할지
고민하는 너에게

읽었을 뿐인데
인생의 방향이
바뀌기 시작했다

뭐부터 읽어야 할지
고민하는 너에게

김환영 지음 ——

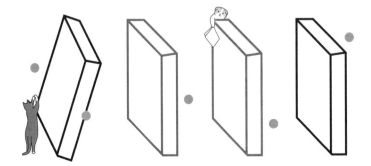

세종

마라톤보다는 먼저
동네 한 바퀴 조깅부터

당신이 가진 책 중에서 가장 얇은 책은 무엇인가?

나는 제법 오래, 몇십 년간 책과 글을 직업으로 삼으며 살아왔다. 그렇다보니 어렵고 깊고, 남들이 보기에 뭔가 멋있어 보이는 책들도 꽤 많이 읽으며 살아왔다.

그러면서 의외의 사실 하나를 깨달았다. 수많은 사람들의 인생을 바꿔놓은 인생 책 중에는 쉽고 얇은 책이 많다는 것이다. 오히려 얇은 책일수록 많은 사람들에게 읽혔다. 쉽고 얇은 책은 자녀, 친구 등 주변인들에게 선물하기도 좋다는 장점이 있다. 그러니 더욱 널리 읽히고 오랜 시간 동안 세계적으로 사랑받았다.

말을 많이 한다고 그 사람이 말을 잘하는 것이 아닌 것처럼, 두껍고 어려운 책이라고 반드시 울림이 강하다고는 볼 수 없다. 이 책에서 다루는 책 중 가장 얇은 책은 《아낌없이 주는 나무》다. 이것은 사실 글자도 몇 자 되지 않는다. 영문 기준 630단어지만 지극히 복잡한 인생에 대해 단순하게 생각해보게 만든다.

그렇다면 책은 왜 읽어야 할까? 우리는 가끔씩 대체 왜 책을 읽어야 할까, 하는 질문과 마주하게 된다. 책은 마음의 양식이라는 말이나 책이 삶에 기쁨을 준다는 말로는 어딘가 시원스럽지 않다. 와 닿지 않고 그저 먼 이야기 같다.

'책이 밥 먹여주나?', '먹고 사는 문제가 책읽기보다 중요하지 않은가?' 하고 생각하게 되기도 한다. 물론 책이 밥을 먹여주진 않는다. 하지만 책은 우리의 인생을 반드시 변화하게 만든다.

동화를 통해서는 어린이의 눈으로 세상을 바라보면서 상상력과 믿음의 힘을 되살리며 삶에 대한 희망을 다시 한번 일깨울 수 있고, 세계적으로 인정받아온 자기계발서들을 통해서는 성공을 거머쥐고 부자가 되기 위한 힌트를 엿볼 수 있다. 셰익스피어의 소설들과 에리히 프롬의 《사랑의 기술》처럼 사랑에 대해 다룬 책을 읽으면서는 사랑의 본질적인 의미를 보다 깊이 고찰해볼 수 있다. 그럼으로써 나 자신을 먼저 세우고 잘 사랑하기 위한 기술을 다지는 기회를 가질 수 있다. 철학에서는 삶을 살아가는 데 있어서 보다 근본적이고 진리에 가까운 지혜를 얻을 수 있다. 또 아이디어, 홍보, 논쟁과 협상 방법 등 삶에서 바로바로 적용할 수 있는 실용적인 기술도 배울 수 있다. 이렇게 책을 통해 우리의 일상은 좀 더 단단해지고 풍요로워진다.

또 무엇보다 책을 통해서 우리는 진정한 자신과 마주할 수 있다. 많은 애서가들이 그것을 증언한다. 인간은 소우주다. 개개인 속에는 내가 있고 '또 다른' 내가 있다. 진아眞我를 만난다는 것은 또 다른 나를 만나는 것이다. '나'라는 소우주를 떠나지 않고서는 대아大我를 만날 수 없다. 독서는 우리에게 우주 밖으로 행군할 기회를 선사한다. 또 읽은 것을 몽땅 까먹더라도, 읽을 때 향상된 이해력과 독해력은 영원히 남는다. 독해력은 순발력이며 적응력이다.

이 책을 꿰뚫고 있는 큰 맥락은 '큰 생각을 위한 작은 책'이다. 이 책에 나오는 '작은 책' 25권은 모두 고대·중세·근대·현대의 고전이다. 적어도 고전 문턱까지 온 책이다. 이쯤에서 '고전이라고?' 하면서 벌써부터 지루함을 느끼는 사람도 있을 것이다. 책 중에서도 왜 자꾸 고전을 읽으라고 하는 것일까? 히말라야에는 7000미터 넘는 봉우리가 50개가 있다. 이 책에서 이야기하는 책들은 '책의 히말라야'에서 적어도 7000미터급의 '낮은' 봉우리에 해당하는 책이다.

이 책은 쉽게 읽을 수 있는 얇은 고전을 향해 달린다. 42.195km 마라톤보다는 동네 한 바퀴 조깅부터 하자는 뜻이다. 영원히 못 읽고 또 안 읽을지도 모르는 두꺼운 고전보다는, 일단 수십 페이지에서 200~299페이지 분량의 얇은 고전을 읽어보자. 한두 시간에서 한나절이면 독파할 수 있는 고전들이다. 혹시 아는가? 얇은 고전과 친해지다 보면 두꺼운 고전 전문가가 될 수도 있다. 언젠가는 칸트·헤겔 전문가가 될지도 모를 일이다.

《뭐부터 읽어야 할지 고민하는 너에게》에서는 책읽기를 통해 동심과 철학과 돈·성공·행복과 사랑과 삶의 기술을 얻을 수 있도록 이끌어준다. 세대를 뛰어넘어 오래도록 사랑받고 회자되는 얇은 책 25권을 엄선했다. 문학, 철학, 동화 등 여러 분야의 책을 골고루 다루면서, 책의 내용은 물론이고 배경지식과 책에서 여러 가지 생각과 삶의 자세를 얻을 수 있도록 도움을 주고자 했다.

자기계발서를 영어로는 '스스로 돕는 책self-help books'이라고 한다. 남이 나를 돕든 돕지 않든, 심지어는 남이 나를 방해하든 일단 내가 나를 도와야 한다. 적어도 내가 나를 가로막는 일은 없어야 한다. 모든 책은 자기계발서처럼 읽을 수 있다. 그 중에서도 고전은 최고의 자기계발서다.

이 책을 2년이 넘는 기간 동안 집필하면서 그 무엇보다 바랐던 것은 이 책이 내가 나를 도울 수 있는 가이드가 되는 것, 또 인생이라는 긴 여정 속에서 잠들기 전, 혹은 옆구리에 늘 끼고 읽는 책이 한두 권은 생길 수 있도록 하는 것이었다. 부디 이 책이 책장에 끝까지 남겨두고 싶은 한 권이 되길 바라며 글을 마친다.

차례

PART 4 철학에서 삶을 살아갈 지혜를 찾다

PART 5 일상을 단단하게 만드는 삶의 기술

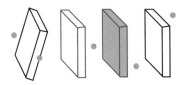

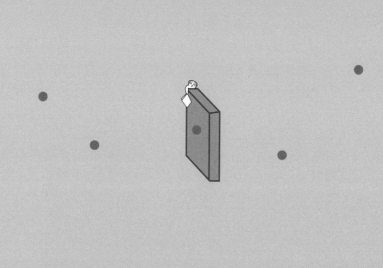

PART

1

어린이의 눈으로
오늘 살아갈 힘을 발견하다

마술을 믿는 사람만이
그것을 발견할 수 있다 ────────────

로알드 달《마틸다》

어린이가 아니었던 어른은 없다. 하지만 어른이 된 다음에는 어린아이의 마음, 즉 동심童心을 잃는다. 동심은 순수하다. 그런데 생각보다 어린아이의 마음에는 여러 모습이 숨어 있기도 하다. '어린아이 같다'는 말은 때로 유치하다는 것을 의미한다. 어떤 때 어른들은 어린이보다 훨씬 유치하다. 또 어떤 때 어린이들은 어른들 못지않게 잔인하다. 어린이에게서 폭력성도 흔히 발견할 수 있다.

《마틸다》의 초고에서는 주인공인 어린이는 부모를 고문하는 사악한 존재로 그려졌다. 편집자의 의견이 반영돼 대폭 수정됐다. 어린이는 어른에 대한 두려움과 증오심, 부러움을 동시에 품고 있다. 어른이 잊어버리고 잃어버린 그러한 어린이의 다면성을 작품으로 형상화해 20세기 최고의 어린이 소설 작가 중 한 명이 된 인물이 있다. 영국 소설가이자 시인 로알드 달(1916~1990)이다.

로알드 달은 어린이의 눈으로 어린이 소설을 써 세계적인 베스트셀러 작가가 됐다. 로알드는 19편의 어린이 소설과 9편의 단편집을 출간했다. 그의 작품은 60개 언어로 번역돼 2억5000만 부가 팔렸다. 그는 전쟁 영웅이자 발명가이기도 했다. 2016년 옥스퍼드대 출판부는 로알드의 탄생 100주년을 맞아《옥스퍼드 로알드 달 사전》을 출간했다.

어린이는 어떤 존재인가. 영국 시인 윌리엄 워드워스(1770~1850)는 〈무지개A Rainbow〉에서 "어린이는 어른의 아버지다"라고 읊었다. 《신약 성서》에서는 예수가 이렇게 말했다. "나는 분명히 말한다. 너희가 생 각을 바꾸어 어린이와 같이 되지 않으면 결코 하늘 나라에 들어가지 못할 것이다. 그리고 하늘 나라에서 가장 위대한 사람은 자신을 낮 추어 어린이와 같이 되는 사람이다. 또 누구든지 나를 받아들이듯이 이런 어린이 하나를 받아들이는 사람은 곧 나를 받아들이는 사람이 다."

— 어린이의 눈으로 보면
어른은 합리적이지도 지혜롭지도 않다

선과 악의 다툼은 주요 문학적 주제다. 로알드 달의 작품에서는 어 린이가 선, 어른이 악이다. 어린이가 승리하는 것으로 끝난다. 그가 생전 마지막으로 발표한 《마틸다》(1988)에서도 같은 구도가 발견된다. 《마틸다》의 타깃 독자층은 9~11세 어린이다. 영문판으로 240페이 지, 한글판으로 310페이지다. 특히 독서를 좋아하고 생각이 깊은 애 어른 같은 여자 아이들이 좋아하는 소설이다. 1996년 《마틸다》가 영 화로 나왔다. 1990년과 2010년에는 뮤지컬로 상연됐다. 《마틸다》는 어른들에게 어린이의 내면을 들여다볼 기회를 선물한다.

무대는 영국의 한 작은 마을, 전교생이 250명인 작은 학교, 그리고 엄마·아빠·아들·딸로 구성되는 4인 가족이다. 주인공 마틸다는 4살이다. 똑똑하고 조숙하고 예의 바르다. 하지만 그는 강한 아이다. 성질이 불같은 구석도 있다. 수학 천재다. 14곱하기 19를 단 1초에 머리 속으로 풀 수 있다. 마틸다의 뛰어남에 대해《마틸다》는 이렇게 그리고 있다. "마틸다는 한 살 반이 되었을 때부터 말을 하기 시작했는데, 놀랍게도 어른들이 알고 있는 만큼의 어휘력을 갖추었다.", "마틸다가 세 살이 되었을 때는 집 안 여기저기 흩어져 있는 신문이나 잡지들을 보면서 스스로 읽기를 터득했다."

부모는 마틸다에게 무관심하다. 아빠는 속임수로 중고차를 팔아 돈을 벌어들이는 사업가다. 엄마는 빙고 놀이에 몰두하느라 마틸다에게는 통 관심이 없다. 아빠·엄마·오빠는 TV가 주요 여가 활동이다. 오빠 마이클은 공부에는 관심이 없다.

마틸다는 상냥하고 겸손한 아이다. 의리도 있다. 친구를 위해 잘못을 뒤집어쓰기도 한다. 그래서 학교에서 누구나 그를 좋아한다. 하지만 부당한 일에는 참지 못한다. 마틸다는 아빠도 응징의 대상이다. 아빠의 구박을 묵인하지 않는다. 속임수와 장난으로 아빠에 복수한다. 초강력 접착제 소동, 유령 소동, 머리 염색 소동이 한바탕 벌어진다.

로알드 달의 작품에 나오는 어린이 주인공들은 결코 지고지순至高至順하지 않다. 작가는 '어른은 어린이보다 지혜롭고 합리적이다'는 인식에 동의하지 않는다. 아이의 눈으로 보면 그렇지 않다. 또한 어른들 중 일부는 좋은 사람, 일부는 나쁜 사람이다. 마틸다의 아빠만 해도 "정직해서 부자가 되는 사람은 없다"고 거리낌 없이 말하는 사기꾼이다. '어린이는 억압적이고 잔인한 어른들에게 저항할 권리가 있다'는 게 로알드 달 작품에 나오는 단골 테마다.

― 큰 일을 하려면
철저하게 해야 한다

마틸다에게는 걸어서 10분 거리에 있는 마을 도서관이 탈출구다. 어린이를 위한 그림책 같은 것을 다 읽어 치우고 어른들 책을 읽는다. 처음으로 읽은 어른 책은 찰스 디킨스의 《위대한 유산·Great Expectations》이다. 제인 오스틴, 토머스 하디, 어니스트 헤밍웨이, 윌리엄 포크너, 조지 오웰도 읽는다.

마틸다는 책에서 나오는 것과 같은 친절하고 용기 있는 사람을 친구로 삼고 싶다는 꿈을 갖게 된다. 드디어 엄마 역할까지 할 친구가 나타났다. "어여쁜 성모 마리아 같은 얼굴"을 한 23살의 하니 선생님이다. 마틸다의 첫 담임인 하니 선생님은 마틸다의 가능성을 첫눈에 알아봤다. 하니 선생님은 마틸다를 월반시키려고 하지만 트런치불 교장이 반대한다. 트런치불은 악녀다. "나만큼 오랫동안 가르치는 일을

해 본다면 애들에게 친절하게 대해서 이로울 게 없다는 것을 깨달을 거야"라며 학생들을 괴롭힌다.

어느 날 하니 선생님이 마틸다를 그가 사는 다 쓰러져가는 오두막으로 초대한다. 선생님의 불행한 인생 얘기를 듣는다. 알고 보니 트런치불은 하니 선생님의 이모다. 하니 선생님의 아버지가 사망한 후 하니 선생님이 받을 유산을 이모가 빼앗았다. 트런치불은 "나는 옳고 너는 틀렸다. 나는 크고 너는 작다. 네가 할 수 있는 것은 아무것도 없다"고 말한다. 현실에서는 그럴지도 모른다. 하지만 적어도 소설에서는 다르다. 마틸다에게는 손을 대지 않고 물컵을 넘어뜨리거나 분필을 허공에 띄워 칠판에 글을 쓸 수 있는 초능력이 있다. 마틸다가 염력telekinesis으로 트런치불을 혼내준다. 트런치불은 '걸음아 나 살려라' 도망친다. 마틸다의 부모들 역시 훔친 차를 팔다가 적발돼 스페인으로 도망간다. 마틸다에 대한 친권을 마치 훌던 이 빼는 것처럼 포기한다. 마틸다는 하니 선생님과 행복하게 살게 된다.

대부분의 동화는 어느 정도 교육적이다. 《마틸다》도 교육적일까. 그렇다. 《마틸다》를 통해 로알드 달은 똑똑함·공부·교육의 가치를 강조한다. "마틸다는 책을 통해 새로운 세계를 여행했고, 아주 흥미로운 삶을 살아가는 놀라운 사람들을 만났다"는 대목을 읽고 어린이 독자들은 책의 가치에 대해 궁금하게 될 것이다.

마틸다의 아버지는 교육의 가치를 인정하지 않는다. 하니 선생님은 이렇게 일갈한다. "만약 당신에게 이 순간에 심장마비가 왔다면 의사를 불러야 할 겁니다. 그 의사는 대학을 졸업했겠지요. 또 당신이 못쓰는 중고차를 누군가에게 팔았다는 것으로 고소를 당했다면, 당신은 변호사를 구해야 할 겁니다. 그 변호사 역시 대학교를 졸업했을 테지요. 웜우드씨, 머리 좋은 사람들을 싫어하지 마세요."

동화는 영감의 보고다. 《마틸다》의 내용 중에서 생각거리를 던지는 가장 인상적인 내용을 뽑는다면 다음과 같다. "큰 일을 하려면 어중간하게 해서는 아무것도 안 돼. 그러니까 철저하게 해버리는 거야. 너무나 미친 짓이라서 도저히 믿을 수 없을 정도로."

— 마술을 믿어야
마술을 발견한다

로알드 달Roald Dahl의 이름에서 '로알드'는 노르웨이의 탐험가 로알 아문센Roald Amundsen(1872~1928)에서 따왔다.('Roald'를 우리말로 표기할 때 노르웨이 인명은 '로알', 영미권 인명은 '로알드'이다.) 로알드 달의 부모는 노르웨이에서 영국으로 이민 온 사람들이었다. 로알드는 영국 웨일스에서 태어났다.

로알드는 9살 때부터 기숙학교에 다녔다. 선생님이 피가 나도록 매질을 했다. 루터교 소속 크리스천이었던 로알드는 신앙에 회의를 품게 됐다. 학교 다닐 때 특출한 학생은 아니었다. 크리켓·축구·골프

등 스포츠는 잘했다. 로알드는 중등교육을 마친 후 대학에 진학하지 않고 1934년 쉘 석유 회사에 입사해 탄자니아 지사에서 5년간 일했다. 제2차 세계대전 때에는 1939년 영국왕립공군RAF에 입대해 전투기 조종사로서 리비아·그리스·시리아에서 싸웠다. 그는 격추왕flying ace이 된다. 이집트에서 격추당한 후에는 스파이로 활동했다. 로알드의 다른 작품으로는 《제임스와 슈퍼복숭아James and the Giant Peach》, 《찰리와 초콜릿 공장Charlie and the Chocolate Factory》 등이 있다.

그는 키가 198cm에 달했고 바람둥이였다. 배우 퍼트리샤 닐(1926~2010)과 1953년 결혼했으며 30년 뒤인 1983년 이혼했다. 퍼트리샤 닐은 1964년 아카데미 여우주연상을 받았다.

로알드는 자선단체를 만들어 어린이 환자를 돕는 활동을 했다. 하지만 로알드는 일면 불쾌하고 무례한 인물이었다. 같이 일하기 힘든 사람이었던 것이다. 비평가들은 그의 소설에서 발견되는 반사회적 내용을 비판했다. 1990년대 페미니스트 운동가들은 그의 작품에서 여성혐오가 발견된다고 공격했다. 1983년에는 한 인터뷰에서 "유대인 기질에는 적대감을 불러일으키는 특성이 있다"고 말해 구설수를 초래했다.

로알드의 작품에서는 어둡고 섬뜩한 내용이 자주 등장한다. 그럼에도 어린이들은 열광했다. 어린이들은 산더미 같은 팬레터를 보냈다. 어른들은 왠지 불편했다. 《마틸다》에 대해서도 비평가들은 호평은 보냈으나 극찬은 없었다.

대부분의 베스트셀러 작가들은 작업 시간표를 정해놓고 충실히 따른다. 로알드의 경우에는 오전 10시부터 정오까지 글을 쓰고 오후에는 동물들을 돌보았다. 오후 4시부터 6시까지는 다시 글을 썼다. 로알드는 작가라는 직업에 대해 다음 같은 말을 남겼다. "비즈니스맨의 인생과 비교한다면 작가의 인생은 절대적인 지옥이다. 작가는 스스로에게 일을 강요해야 한다. 일하는 시간을 스스로 준수해야 한다. 책상에 앉지 않더라도 그를 꾸짖는 사람은 아무도 없다. 작가가 되는 사람은 바보다. 작가에게 주어진 유일한 보상은 절대적인 자유다. 작가에게는 그 자신의 영혼 이외에 그 어떤 주인도 없다. 그렇기 때문에 작가가 된다고 나는 확신한다."

로알드 달이 남긴 좋은 말 중에는 다음과 같은 게 있다.

- "인생의 목적지에 도달하려면 그곳이 어느 곳이든 책을 많이 읽어야 한다."
- "마술을 믿지 않는 사람들은 마술을 발견하는 일이 결코 없을 것이다."

아무리 연약한 존재라도
상대의 우주 하나쯤은 살릴 수도 있고
완벽히 파괴할 수도 있다.

즐거운 것을 상상하면
분노를 극복할 수 있다 —————

모리스 센닥 《괴물들이 사는 나라》

우리는 어린이를 가르치고 보호하려고 한다. 하지만 '어린이는 어른의 스승', '어린이는 어른의 어버이'라는 인식도 있다. 그런데 자신의 어린이 시절을 '제대로' 기억하는 어른은 얼마나 될까. 많지 않은 것 같다. 우리의 기억은 끊임없이 '고쳐쓰기'의 과정을 겪는다.

우리는 부모님이나 형·누나, 친척들이 우리의 어린 시절에 대해 "어렸을 때 너는 정말 와일드했었지", "너는 어렸을 때 분노조절 장애가 있었어. 그런데 참 잘 자랐구나"라는 식의 말을 듣고 깜짝 놀라는 경우도 있다.

영어 와일드wild에는 '야생의, 자연 그대로의, 사람이 손대지 않은, 제멋대로 구는, 사나운, 격렬한, 마구 흥분한, 몹시 화를 내는, 무모한, 터무니없는' 등의 뜻이 있다.

— 우리 마음 속에는
  괴물도 들어있다

어린이가 성인이 된다는 것은 야생을 벗어나는 과정일까. 어른이 어린이보다 우월하다는 관점에서 보면 성장은 '야생에서 문명'으로 가는 과정이다. 그 반대로 '문명에서 야생'으로 가는 과정은 아닐까.

모리스 센닥Maurice Sendak(1928~2012)이 글을 쓰고 그림을 그린《괴물들이 사는 나라Where the Wild Things Are》(1963)는 아주 짧다. 10문장, 338단어다. 표지까지 26장에 불과하다. 어린이와 성인의 차이점, 어쩌면 그 공통점에 관해 묻는 그림책이다. 분노와 야생을 공통분모로 들 수 있다.

이 책은 미국에서만 1000만 부 이상, 세계의 나머지 나라에서 1000만 부 이상의 팔렸다. 30개 이상 언어로 번역됐다. 1997년 빌 클린턴 대통령은 모리스 센닥에게 '국가예술메달'을 수여했다. 미국에서 개인에게 주어지는 예술 분야 최고의 상이다. 센닥의 그림은 워낙 유명하기에 뉴욕 소더비 경매장에서 비싼 가격에 팔렸다. 여전히 페이퍼백보다는 하드커버가 더 많이 팔리는 책이라고 한다. 그만큼 아직도 독자들은 회갑을 바라보는 이 책의 중요성을 인정한다. 어린이의 의식 세계에 대한 선생님들과 부모님들의 생각을 바꿔놓은 책이다.

주인공은 남자 어린이 맥스Max다. 맥스는 말을 안 듣는 말썽꾸러기다. 늑대 복장을 한 맥스는 화난 표정으로 큰 망치를 들고 집 안에 못질한다. 못된 표정을 지으며, 포크를 들고 개를 쫓아다닌다. 포크로 개를 찍으려는 것일까. 살아 있는 개를 잡아먹겠다는 뜻이었을까.

참다못한 엄마가 맥스에게 "와일드 싱wild thing"이라고 고함쳤다. '싱thing', 즉 '것'은 어떤 감정을 실어 사람·동물을 부를 때 쓰는 말이다.

'WILD THING'은 한글판에서 '괴물'로 번역됐다. '막돼먹은 놈'이라고 번역할 수도 있었겠다. 엄마가 자신을 '괴물'이라고 부르자, 맥스는 화난 표정으로 엄마에게 "엄마를 먹어버리겠어"라고 대꾸한다.

엄마는 맥스에게 벌을 준다. 방으로 가라고 한다. 때리지는 않는다. 오늘 저녁은 굶기기로 한다. 제 방에 들어간 맥스는 상상의 나래를 편다. 그의 슬픈 표정은 이내 즐거운 표정으로 바뀐다. 맥스는 마법의 나라로 떠난다. 방의 벽들이 사라지고 숲으로 변한다.

— 어린이에게 애정 표현과 공격성은 미분리 상태다

맥스는 '맥스'라는 이름의 자가용 배를 타고 1년 넘게 항해해 괴물들이 사는 섬에 당도한다. 날카로운 이빨을 드러낸 채, 무서운 으르렁 소리를 내는 괴물들이 사는 나라다.

괴물들 앞에서 기죽을 맥스가 아니다. 괴물들에게 "가만히 있어"라고 소리친다. 눈을 깜박거리지 않고 괴물들을 응시한다. 눈싸움에 지면 괴물들이 맥스를 잡아먹을 수도 있다. 맥스가 이겼다. 괴물들이 맥스를 와일드한 것 중에서도 가장 와일드하다고 인정한다. 괴물들을 제압한 맥스는 그들의 왕이 된다.

맥스는 왕으로서 괴물들에게 한바탕 소란을 피우라고 명령한다.

신나게 놀 만큼 논 다음, 맥스 왕은 "이제 그만!"이라고 명령한다. 또 괴물들에게 저녁밥도 주지 않고 잠자리에 들라고 명령한다. 우리 속담 "종로에서 뺨 맞고 한강에서 눈 흘긴다"가 생각난다.

화가 풀리자 맥스는 집이 그리워진다. 어디선가 맛있는 음식 냄새가 난다. 맥스는 "사랑한다", "먹어버리겠다"며 떠나지 말라는 '괴물 백성'들을 뒤로하고 떠난다. 맥스가 1년여 항해 끝에 집에 돌아와보니 따뜻한 저녁 식사가 기다리고 있었다. 어린이의 마음속에서는 2년이 넘는 세월도 '찰나刹那'에 불과한 것일까.

꿈보다 해몽이다. 워낙 유명한 책이기에 수많은 해석이 등장했다. 오스트리아 심리학자·신경과 의사인 지그문트 프로이트(1856~1939)의 정신분석학으로 《괴물들이 사는 나라》를 해석하는가 하면, 식민주의 문학 비평 이론이 동원되기도 했다. 해설 거리가 많은 책이 베스트셀러가 되는 게 아니라, 베스트셀러가 많은 해설을 부른다.

이 책의 독해 포인트 중 하나는 어린이에게 애정 표현과 공격성은 미분리 상태라는 것이다. 어른 또한 애정-공격성 미분리를 완전히 극복하지 못하는 것은 아닐까. '먹어버리겠다'는 표현이 그렇다. 저자는 어린이들의 팬레터에 일일이 답장했다. 그가 받은 최고의 찬사는 "우리 아이가 당신에게 받은 카드를 너무나 사랑한 나머지 카드를 먹어버렸어요"였다.

이 책은 학교와 가정에서 어린이와 대화를 이끄는 데 사용된다. 선생님이나 부모는 다음과 같은 질문을 아이에게 할 수 있다. "맥스가 받은 벌이 공정하다고 생각하나요?", "그림에 나오는 항해 중인 맥스를 추적하는 바다 괴물은 텍스트에는 나오지 않아요. 이유가 뭘까요?", "맥스가 친구들과 재미있게 놀고 있어요. 친구들과 재미있게 놀 때 무엇을 하나요?"

맥스의 이야기는 신화학자 조지프 캠벨(1904~1987)이 말한 전형적인 '영웅의 여정'에 속한다. 영웅은 모험을 떠난다. 위기를 겪지만 결국 승리하고 변화된 모습으로 집이나 고향에 돌아온다.

둘 중 하나다. 모든 인간은 어떤 영웅을 롤 모델로 삼거나 그 자신이 새로운 영웅 모델을 만들어야 한다. 《괴물들이 사는 나라》 속 맥스는 어머니에게 영웅 대접을 받지 못한다. 꾸중을 들었을 뿐이다. 그래서 화가 나고 섭섭하다. 하지만 맥스는 상상 속에서 영웅이 된다. 영웅으로 대접받자 화가 풀린다. 화가 풀리자 어머니가 보고 싶다. 왕 노릇도 한때. 집으로 돌아온다. 집만 한 곳은 없다.

작품에서 어머니의 모습은 나오지 않는다. 소리만 들릴 뿐. 작가의 설명에 따르면 어머니가 아들 맥스에게 고함친 이유는 기분이 안 좋았기 때문이다. 작가 센닥의 어머니는 그가 어렸을 때 이디시어^{Yidish}로 '들짐승^{vilde chaya, wild animal}'이라고 불렀다.

작가는 어렸을 때 실제로 저녁 식사를 하지 않고 잠자리에 들 때가 많았다. 너무나 가난하거나 벌을 받은 게 아니라 어머니의 음식 솜씨가 너무나 형편없었기 때문.

괴물들의 모티브를 제공한 것은 작가의 친척들이다. 그가 어렸을 때 외삼촌들과 이모들은 거의 매주 일요일 저녁 식사를 하러 센닥 아버지의 집을 방문했다. '이빨이 누런' 괴물 같은 모습의 친척들은 센닥의 뺨을 꼬집으며 "먹어버리겠다"고 했다. 센닥은 그런 친척들이 정말 싫었던 듯하다. '먹어버리겠다'는 말이 애정의 표현이라는 것은 한참 뒤에 깨달은 듯하다.

이 책의 원제는 '야생마가 있는 곳Where The Wild Horses Are'이었다. 하지만 저자 센닥은 자신이 말을 그릴 수 없다는 것을 깨달았다. 하지만 '괴물'은 그릴 수 있었기에 제목과 내용이 바뀌었다.

《괴물들이 사는 나라》는 한동안 '아이들에게 공포심을 일으킬 수 있다'는 이유로 일부 도서관에서 이 책을 구매하지 않았다.

모리스 센닥은 자신의 작품 세계에 대해 이런 말을 남겼다. "내가 그린 이미지 때문에 두려움을 느끼는 사람은 어린이가 아니라 어른이다.", "나는 어린이들을 위해 쓰지 않는다. 나는 어른들을 위해 쓰지 않는다. 나는 그저 쓸 뿐이다."

저자는 이 책의 주제뿐만 아니라 그의 모든 작품의 주제가 '생존'이라고 생각한다. 그는 이렇게 말했다. "내게는 오직 한 가지 주제만 있을 뿐이다. 내가 집착하는 질문은 '어린이들은 어떻게 생존하는가'다."

이 책은 어린이들의 분노와 생존 이전에, 어른들의 생존에 관한 책이다. 어린이건 어른이건 분노를 어떻게 극복할까. 이 책이 던지는 유일한 질문이다.

─ 우리는 언젠가
전형적인 늙은이가 된다

《괴물들이 사는 나라》를 제대로 이해하려면, 센닥의 삶을 이해해야 한다. 미국으로 건너온 친척들은 센닥의 뺨을 꼬집으며 괴롭혔지만, 유럽에 남은 친척들은 대부분 홀로코스트에 희생돼 죽임을 당했다. 센닥은 그 사실을 13살 때 알게 됐다.

삶을 바라보는 센닥의 시각에 결정적인 영향을 미친 또 다른 사건 중 하나는 1932년에 일어났다. 찰스 린드버그(1902~1974)의 아들이 유괴된 사건이다. 미국의 비행기 조종사·군인인 린드버그는 1927년 5월 최초로 대서양 횡단 무착륙 단독 비행에 성공했으며, 1931년 북태평양 횡단 비행에도 성공했다. 하지만 그런 린드버그마저도 아들의 유괴·사망사건에 무기력했다. 당시 4살도 채 되지 않은 센닥은 린드버그 아들 유괴 사건을 생생히 기억했다.

센닥은 이런 식으로 생각했다. 린드버그 같은 유명한 사람의 자식도 납치당하고 죽을 수도 있다. 그렇다면 나처럼 가난한 폴란드 유대인 이민자의 아들은 정말 사는 게 힘들겠구나. 린드버그 아들의 유괴·사망 사건은 센닥에게 평생 잊을 수 없는 트라우마를 남겼다. 그는 죽음뿐만 아니라 가난의 그늘 속에 살았다. 그가 태어났을 때 아버지는 전 재산을 날린 상태였다.

센닥은 어렸을 때 몸이 약해 대부분의 시간을 집에서 보냈다. 브루

클린에 있는 고등학교를 졸업하고 대학에 가지 않았다. 대학에 가라는 부모의 바람을 무시했다. 대신 밤에 그림 수업을 들었다. 센닥은 동성연애자였다. 정신분석가 유진 글린(1926~2007)과 50년간 동거했다. 부모는 눈치를 챘지만 내색하지 않았다.

미국의 영화감독 스파이크 존즈가 《괴물들이 사는 나라》를 영화로 만들었다. 제작에 5년이 걸렸고 원작과 달리 어마어마한 상업적 성공은 거두지 못했지만, 상당한 수작이다. 원작을 101분 분량으로 늘렸지만, 억지로 늘렸다는 느낌을 주지 않는다. 책에서 맥스는 약 6세, 영화에서는 약 9세다. 원작보다 구체적이다. 영화에서 맥스에게는 그를 무시하는 누나 클레어가 있다. 싱글맘인 엄마에겐 데이트 상대가 있다. 맥스는 마법의 나라로 떠나기 전에 엄마를 물어버린다.

저자는 세상을 뜨기 1년 전에 이렇게 말했다. "나는 내가 전형적인 늙은이로 변했다는 것을 믿을 수 없다. 믿을 수 없다. 불과 몇 분 전에 나는 젊은이였다."

이 책의 교훈은 뭘까. 이것도 포함되지 않을까. 어린이는 금세 어른이 된다. 어린이건 어른이건 분노를 조절하는 게 힘들다. 즐거운 것을 상상하는 트릭이 분노를 억누르는 데 도움이 된다.

어린이건 젊은이건 늙은이건 생존은 힘들다.
분노가 생존을 어렵게 만들도록 방치하지 말자.

줄 것이 아무것도 없는
존재는 없다 ─────────────

쉘 실버스타인《아낌없이 주는 나무》

좋은 글이란 무엇인가에 대한 답은 여러 가지가 있을 수 있다. 감동을 주는 글, 따뜻한 글, 그 글을 읽기 전과 후가 다르게 만드는 '인생을 흔드는' 글이 좋은 글이 아닐까. 읽은 사람 수만큼 해석이 다른 글, 토론을 촉발하는 글도 좋은 글이다. 《아낌없이 주는 나무The Giving Tree》(1964)가 바로 그런 텍스트다.

《아낌없이 주는 나무》는 전 세계에서 1000만 부 이상 팔린 초대형 베스트셀러이자 스테디셀러다. 어린이 문학의 클래식이다. 많은 사람들이 '어렸을 때 울면서 읽었고 우연히 수십 년 만에 읽었는데 역시 눈물이 난다'고 말한다. 심지어는 《아낌없이 주는 나무》를 읽을 때마다 '눈물이 펑펑 난다'는 사람도 있다.

— 매일 보는 것, 매일 함께 노는 것이
  사랑이고 우정이다

이 책의 원제는 '주는 나무The Giving Tree'다. 우리말로 번역할 때 '아낌없이'를 덧붙임으로써 원제의 의미가 강화됐다. 책의 주인공은 나무와 소년이다. 나무의 성별은 여성이다. 그는 거목이다. 큰 사과나무다.

책의 전반부에서 둘은 사랑한다. 매일매일 소년은 숲에 있는 나무를 찾아와 나뭇잎으로 왕관을 만들어 쓴다. 소년은 부러울 게 없는 숲속의 왕이다. 나무타기를 하고 나무와 술래잡기를 하며, 놀다가 지쳤을 때에는 나무 그늘 아래서 쉰다.

책의 첫 절반은 행복만으로 가득하다. 이 책에서 '사랑했다'라는 말은 딱 두 번, 책의 상반부에 나온다. 나무는 소년을, 소년은 나무를 사랑했다.

사랑이란 무엇일까. 우정이란 무엇일까. 어찌 보면 별게 아니다. 같이 있는 것, 매일매일 보는 것, 매일매일 함께 노는 게 사랑이고 우정이다.

문제는 아이가 자라면서 생긴다. 나무를 찾는 아이의 발걸음이 뜸해진다. 첫 번째로 오랜만에 청소년이 된 소년이 나무를 찾아와 '돈이 필요하다'고 한다. 돈이 없는 나무는 사과를 준다. 사과를 팔아서 돈을 마련하라고. 사과를 내준 나무는 '행복하다'.

두 번째로 오랜만에 청년이 된 소년이 나무를 찾아와 '집이 필요하다'고 한다. 추위에 떨지 않고 결혼하고 애를 낳으려면 집이 필요하다는 것. 나무는 자신의 가지를 내준다. 소년은 가지로 집을 짓는다. 가지를 내준 나무는 '행복하다'.

세 번째로 오랜만에 중년이 돼 찾아온 소년은 '배가 필요하다'고 한다. 떠나기 위해서다. 나무는 배를 만들라고 몸통을 내놓는다. 몸통을 내준 나무는 '행복하다'.

네 번째로 오랜만에 노년이 돼 찾아온 소년은 뭔가를 바라서 온 것은 아니었다. 하지만 나무는 지레 미안하다. 이 대목에서 나무는 세 번이나 "미안하다"고 말한다. 평생을 자녀들을 위해 희생했으면서도 '잘해주지 못 해서 미안해'라고 말하는 우리나라 부모님들이 생각나게 하는 대목이다.

사실 네 번째로 오랜만에 나무를 찾아온 늙은 아이는 돈도 집도 아내도 아이도 떠나는 것도 필요 없었다. 그저 '앉을 곳'이 필요했다. 아이는 이제 그루터기에 불과한 나무에 앉는다. 그래서 나무는 '행복했다'.

'줄 것이 아무것도 없는 존재는 없다'는 소중한 진리를 일깨워주는 책이다. 우리는 모두 누군가에게 적어도 그루터기가 될 수 있다.

여러 각도에서 이 책을 부정적으로 받아들일 수도 있다. 올 때마다 뭔가를 달라고 하는 아이도 문제지만, 나무도 문제다. 나무는 아이가 어렸을 때 함께했던 순간을 잊지 못한다. 나무는 아이가 그를 다시 찾을 때마다 놀자고 한다. 그때마다 아이는 자신이 놀기에는 너무 컸다, 바쁘다, 너무 늙었으며 슬프다고 말한다. 하지만 나무는 둘이 서로 사랑하고 행복했던 시절을 떨쳐버리지 못하고 집착한다. 미련未練이 지나치면 미련한 사람이 아닐까.

— 모든 이야기에
메시지가 담긴 것은 아니다

다른 수많은 베스트셀러처럼 《아낌없이 주는 나무》 또한 출판사를 수년 동안 찾지 못했다. 어린이들에게는 '너무 슬프다', 어른들에게는 '너무 단순하다'는 반응도 있었다. 일부 출판사들은 결말을 수정해달라고 요구했으나 저자인 쉘 실버스타인Shel Silverstein(1930~1999)은 단호했다. 처음부터 열광적인 반응을 얻은 책은 아니었다. 입소문이 크게 작용했다.

이 책은 특히 교회와 주일학교가 사랑한 책이었다. '베풂의 즐거움' '무조건적인 사랑'을 표상하는 책으로 인정받은 것이다. 신神과 인간의 관계를 아름답게 암시하는 우화로도 평가됐다. 예수는 그 자신이 아무런 죄가 없음에도 불구하고 온 인류를 위해 희생했다. 예수를 따르는 크리스천들 또한 희생해야 한다. 《아낌없이 주는 나무》는 그러한 희생의 길을 예시했다.

《아낌없이 주는 나무》는 결혼식, 어머니날, 아이를 출산한 지인에게 주는 선물로 무난한 책으로 인기가 높다. 여기저기서 《아낌없이 주는 나무》를 선물 받다 보니 집에 이 책을 두어 권 소장하는 일도 흔하게 됐다. 동네 도서관을 포함해 크고 작은 도서관에 반드시 있는 책이 됐다.

— 복잡한 인생에 대해
단순하게 생각해볼 기회를

이 책은 영어 기준 630단어로 지극히 복잡한 인생에 대해 지극히 단순하게 생각해볼 기회를 선사한다. 단어 수준은 4~7세 어린이가 대상이다.

하지만 이 책은 차츰 많은 사람들에게 분노를 일으키는 책으로 부상했다. 어찌된 일일까.

세상살이에서 호혜적인 이익교환利益交換reciprocity, 기브앤드테이크(공평한 조건의 교환)는 중요한 원칙이다. 《아낌없이 주는 나무》는 이 원칙을 무참하게 깨는 책이라는 지탄을 받게 된 것이다.

세월이 흐르면서 반감을 사게 된 이유는 시대 정신, 에토스ethos가 바뀐 것도 한몫 했다. 탈그리스도교적 사회 분위기는 그리스도교의 영향을 받은 전통 윤리에 대해 냉담하다. 나무에게 계속 뭔가 달라고 하는 소년의 태도는 '착취'로 이해됐다. 나무와 소년의 관계는 병적인 공의존共依存 관계로도 낙인 찍혔다. 아이들, 특히 '딸에게는 절대 읽어줘서는 안 되는 책'으로 손꼽는 사람들은 이 책이 여성에게 자멸과 자기부정을 마치 로맨틱한 것처럼 포장하고 강요한다고 주장한다.

일부 환경운동가들도 합세했다. 나무는 인간의 착취로 희생된 '대자연大自然'을 상징한다는 것이다. 그리스도교 환경운동은 인간의 자연 정복이 아니라 '청지기 정신stewardship'을 강조한다. 크리스천 환경운동가가 《아낌없이 주는 나무》를 다시 쓴다면 어떤 플롯으로 바뀔까. 하지만 이 책은 어린이들에게 환경윤리를 가르치는 교재로도 활용된다.

일각에서는 복지국가의 폐해나 자본주의의 문제점을 드러내는 책이라고 독해하기도 한다. 그런 관점에서 《아낌없이 주는 나무》를 읽으면 그렇게 보인다. 책이라는 것은 참 묘하다.

이런 왁자지껄한 논란에 대해 저자는 어떻게 생각할까. 그는 1961년 한 인터뷰에서 이런 말을 한 적이 있다. "뭔가를 하면, 그게 간단하더라도 모든 사람들이 깊은 의미를 부여하기 시작한다. 그들이 그러기를 바란다면 나로서는 오케이다."

사실 《아낌없이 주는 나무》에는 아무런 메시지가 없다는 게 실버스타인의 입장이었다. 그는 이렇게 말했다. "이 책은 그저 두 사람 사이의 관계에 대한 것이다. 한 사람은 주고 한 사람은 가져간다." 나무와 소년의 관계를 사랑 관계라든가 우정 관계로 정의하지 않은 것이다. 그저 관계다. 또한 저자는 나무와 소년의 행태에 대해 아무런 가치판단도 하지 않는다.

실버스타인은 자신의 책을 해피엔딩으로 끝내는 것을 별로 좋아하지 않았다. 《아낌없이 주는 나무》에 대해서도 "결말이 꽤 슬프다"라고 말했다. 이 책이 해피엔딩으로 끝난다고 볼 여지도 충분하다. 판단은 독자의 몫.

쉘 실버스타인은 좀 험상궂게 생겼다. 동화작가 같지 않다. 그러나 여러 방면에서 재주가 비상한 사람이었다. 그는 5분, 10분이면 뚝딱

노래를 작곡할 수 있었다. 만화가, 시인, 극작가, 가수, 작곡가로 활동했다. 그가 쓴 책들은 30여 개 언어로 번역돼 2000만 부 이상 팔렸다. 실버스타인이 가사를 쓴 '수라는 이름의 보이^{A Boy Named Sue}'(1969)는 1970년 그래미상을 받았다. 《골목길이 끝나는 곳》(1974) 또한 1983년 오디오 앨범으로 출시돼 1984년 그래미상을 받았다.

— 인생에서 가장 중요한 두 가지는
편안한 신발과 떠날 자유다

그는 1930년 시카고에서 태어났다. 유대인 가문이었다. 아버지는 동유럽 출신 이민자, 어머니는 시카고 태생이었다. 1999년 68세를 일기로 플로리다주 키웨스트에서 심장마비로 사망했다. 두 명의 여자 청소부가 숨진 그를 발견했다.

7살 때부터 그림을 그리기 시작했다. 그의 다른 책들과 마찬가지로 《아낌없이 주는 나무》의 삽화도 직접 그렸다. 실버스타인의 아버지는 아들의 소질을 인정하지 않았다. 그림으로 먹고 살 수 있게 되자 실버스타인은 보란 듯이 집을 나와 독립했다.

그는 정규교육을 무시하는 독학자였다. 대학을 중퇴했다. 일리노이대와 루스벨트대에서 총 2학기 정도 예술을 전공했지만 "시간 낭비였다"고 술회했다. 대학공부보다는 여행 다니며 사람을 만나는 게 낫다고 생각했다.

그는 한국전 참전용사다. 보병으로 지원했으나 전장으로 투입되지는 않았다. 미국 군사 전문 일간 신문 '스타스 앤 스트라이프스Stars and Stripes'를 위해 한국과 일본에서 1953년부터 1955년까지 카투니스트로 일했다. '플레이보이' 창업자 휴 헤프너(1926~2017)를 만나 인정을 받은 후 인생이 바뀌었다. 둘은 공통점이 많았다. 둘 다 시카고 출신에 카투니스트였고 여자를 좋아했다. 1957년부터 1970년대 중반까지 '플레이보이'의 카투니스트로 활약했다. 세계 곳곳을 다니며 여행기를 썼다. 그의 글은 모델들 사진 못지않게 인기가 좋았다.

실버스타인은 블루진과 카우보이 모자를 즐겨 착용했다. 그의 글과 그림은 때가 묻지 않았다. 누군가를 모방한 흔적이 거의 없다.《아낌없이 주는 나무》 또한 미가공의 신선한 문체가 느껴진다. 한때 야구장에서 핫도그를 팔았다. 자동차를 소유한 적이 없다. 소유를 싫어했다. 무소유 쪽이었다.

작가들 중에는 편집자가 자신의 글을 고치는 것을 기꺼이 수용하는 이들과 그렇지 않은 이들이 있다. 쉘은 용납하지 않는 스타일이었다. 종이의 질이나 폰트까지 꼼꼼하게 챙겼으며 책의 훼손을 막기 위해 하드커버를 고집했다.

그는 자유를 꿈꿨다. 이렇게 말했다. "나는 자유롭게 떠날 수 있다. 어느 곳이든 내가 바라는 대로 갈 수 있고 무엇이든 내가 하고픈 그대로 할 수 있다. 나는 모든 사람들이 그렇게 살아야 한다고 믿는다."

"편안한 신발과 떠날 자유가 인생에서 가장 중요한 두 가지다"라는 말도 남겼다.

우리말로 번역된 그의 다른 작품으로는 《코뿔소 한 마리 싸게 사세요!》(1964) 《어디로 갔을까 나의 한쪽은》(1976) 《다락방의 불빛》(1981) 《골목길이 끝나는 곳》(1974) 등이 있다.

우리는 모두 누군가에게
적어도 그루터기가 될 수 있다.

우리에게는 아직
희망이 남아 있다 ─────────────

트리나 폴러스 《꽃들에게 희망을》

많은 이들이 끝이 안 보인다며 절망하는 시대다. 희망이 등장하는 말과 글을 접할 때면, 희망찬 미래는커녕 희망 고문이 떠오른다. 그리스신화에 나오는 '판도라의 상자'가 열리고 온갖 것들이 튀어나왔는데, 딱 하나 남은 것은 희망이라고 한다. 신화의 참과 거짓을 따지는 것은 좀 우습지만, 신화는 우리 상상력의 원천이다.

내 인생을 온갖 좌절과 분노와 실망과 어둠이 휩쓸고 있는 것 같더라도, 아직 희망이 남아있다. 한 번 더 속는 셈치고 희망에 희망을 걸어보는 것은 어떨까? 그렇게 해보라고 신화적 상상력이 내게 요구한다.

트리나 폴러스가 쓴 우화소설《꽃들에게 희망을Hope for the Flowers》(1972)은 제목에 나오는 것처럼 희망의 메시지를 전한다. 폴러스가 생각하는 희망은 "사물이 바뀔 수 있다는 희망, 사물이 진정으로 더 좋게 바뀔 수 있다는 희망"이다.

이 책은 우리 인생살이의 모든 영역, 즉 정치·경제·사회·문화 기타 등등의 영역에서 핵심 주제인 변화·변신을 다룬다. 변신變身은 '몸의 모양이나 태도 따위를 바꿈'이다. 비슷한 말로는 '본래의 형태가 변하여 달라짐'을 뜻하는 변태變態가 있다. 절망이 희망이 되려면, 틀 자체가 바뀌는 탈바꿈이 절실한 것 아닐까.

《꽃들에게 희망을》의 남자, 여자 주인공들은 알, 애벌레, 번데기, 어른벌레라는 4단계 탈바꿈을 거친다. 우리 인간이 젖먹이, 어린이, 젊은이, 중늙은이, 늙은이가 되는 것과 마찬가지다. 국가가 후진국, 중진국, 선진국으로 발전하는 것과 마찬가지다. 기업이 창업, 중소기업, 중견기업, 대기업의 경로를 겪는 것과 마찬가지다.

― 확신 없는 행동보다
기다리기가 더 나은 전략이다

《꽃들에게 희망을》에 대한 일차적인 느낌은, 이 책이 '영적 혁명'을 촉구하는 책이라는 것이다. 영적인 것은 정치와 얼핏 무관한 것처럼 보인다. 하지만 진정으로 영적인 것은 정치적이다. 혁명도 정치적이다. 저자 스스로 보기에 이 책은 '정치적'인 책이다. 다만 정치꾼들의 '정치적'이 아니라 '큰 의미의 정치적'을 지향하는 책이다.

사후세계나 부활, 환생에 대한 믿음을 탐색하는 책이기도 하다. 저자 트리나 폴러스는 나비가 그에게 "부활을 믿는 게 가능하게 만들어주는 상징"이었다고 술회했다.

저자는 독실한 가톨릭 집안에서 자라났기에 인간에게 자유의지가 있다고 믿는다. 우리 사람들은 남들을 치유하거나 남들에게 상처를 주거나, 사랑하거나 무관심할 자유의지가 있다는 것이다. 저자 폴러스는 이렇게 말한다. "선택은 내 책이 전하는 메시지의 핵심이다"

《꽃들에게 희망을》은 어린이 동화로 형상화한 재림절(그리스도교에서 크리스마스 전의 4주간)이기도 하다.

책 제목이 《꽃들에게 희망을》이라 꽃이 주인공이라 착각하기 쉽다. 주인공은 나비가 될 애벌레다. 나비에 대해 저자는 이렇게 말한다. "그들은 사랑의 씨앗을 한 꽃에서 다른 꽃으로 나른다"

제목에서 '꽃들'은 무엇을 의미하고 상징할까. 국민이건 시민이건 '민民'일 가능성이 꽤 있다. 이 책은 폴러스 자신이 체험한 1960년대 미국 사회의 혁명적 분위기를 배경으로 한다. 영문판 표지를 보면 "부분적으로는 삶에 대한, 부분적으로는 혁명에 대한 이야기"라고 나와 있다.

트리나 폴러스는 '진정한 혁명이란 무엇인가'를 두고 평생 고민했다. 그가 던지는 질문은 이것이다. "표면적으로만 사물을 바꾸는 게 아닌, 진짜 혁명은 무엇인가?" 저자가 바라는 혁명은 피를 흘리는 혁명이 아니다. 피만 흘리고 달라지는 것은 별로 없는 것은 혁명이 아니다. 그가 꿈꿔온 혁명은 '아무도 해치지 않는' 혁명이다.

젊은 트리나 폴러스가 접한 세상은 미국독립혁명, 프랑스혁명, 러시아혁명, 중국혁명과 같은 혁명을 잉태한 혁명 전야라기보다는, 운동이 활발하게 벌어지는 세상이었다. 트리나가 한창때였던 1960년대는 민권운동, 여성운동, 환경운동이 새로운 진로를 모색한 10년이었다.

혁명과 운동의 관계는 무엇인가. 질문은 질문을 낳는다. 혁명이 여

의치 않을 때 하는 것이 운동인가. 운동은 결국 혁명으로 발전하는가. 진정한 변화를 위해 가성비가 더 높은 것은 혁명인가 운동인가. 변화에 대해 저자는 이렇게 말한다. "나는 변화를 바랐다. 나는 또한 보다 정의롭고 보다 아름다운 세상을 바랐다."

《꽃들에게 희망을》은 불확실성이 지배하는 상황에서는 '기다리기'도 충분히 가치 있는 전략이라는 것을 설파한다. 두고 보기, 지켜보기는 가치 있다. 저자는 '기다리기', '확신이 없기'가 '확신 없는 행동'보다 낫다고 주장한다.

이 책의 줄거리는 이렇다. 주인공은 수컷인 스트라이프Stripe(줄무늬 애벌레)와 암컷인 옐로Yellow(노랑 애벌레)다. 알에서 깨어나 애벌레가 된 이들은 풀잎을 먹으며 몸집을 불리고 기어 다닌다. 인생에는 '뭔가 더'가 있지 않을까 하는 회의와 호기심으로 이들은 길을 떠난다. 우리 모두 마찬가지다. 인생에서 막연하지만, 떠나야 한다는 어떤 느낌이 확 올 때가 있지 않은가.

옐로와 스트라이프는 하늘을 향해 치솟은 기둥의 밑동에서 만나 사랑에 빠진다. 기둥을 구성하는 것은 서로 짓밟으며 기둥 위로 올라가려는 애벌레들이다. 기둥은 내가 조금이라도 더 높이 올라가기 위해 너를 짓밟아야 하는 이전투구泥田鬪狗의 현장이다. 회의가 엄습한다. 둘은 기둥에서 내려온다.

— 정상에 도달하려면,
   기어오르지 말고 날아가라

둘은 한동안 행복하다. 하지만 행복이 아니라 만족이었기 때문일까. 둘이 헤어질 때가 됐다. 스트라이프는 옐로를 버리고 다시 기둥을 기어오르기 시작한다. 정상에 오른다. 또 다시 행복 그만. 허망함을 느낀다. 허망함은 그 뭔가가 행복이 아니라 만족이라는 시금석인가. 아니면 영원한 행복이라는 것은 없는 것일까.

그러나 한편, 옐로는 번데기가 되고 이내 나비가 된다. 이 책의 오디오 버전에서는, 이 커플이 마치 《구약성서》의 모세처럼 애벌레들을 이끌고 행복한 나비들의 세계로 나아간다.

《꽃들에게 희망을》에 대해서 생뚱맞지만 그럴듯한 해석이 가능하다. 《구약성서》에 보면 이브 '때문에' 아담이 신神의 뜻을 어긴다. 인류는 죽게 된다. 반면 《꽃들에게 희망을》에서는 옐로 덕분에 스트라이프도 나비라는 새 생명을 얻게 된다. 세상을 기어 다니는 애벌레에서 날개 달린 나비가 된 것이다. 나비는 날개가 달린 천사를 상징하는지 모른다.

저자 트리나 폴러스는 500달러 선금을 받고 이 책의 집필에 착수했다. 태어나 거의 처음으로 벌어본 돈이었다. 지금 가치로는 3000달러(우리 돈으로 약 330만 원)다. 친구 집에 얹혀 사는 신세였던 트리나는 그의 가능성을 알아본 출판사 덕분에 세계적인 베스트셀러 작가가 된 것이다. 한국어·독일어·프랑스어·스페인어·네덜란드어·러시아어·터키어·히브리어·아랍어·페르시아어·일본어·중국어·태국어·스와힐리어 등 세계 각국어로 번역돼 수백만 권이 팔렸다. 호사다마好事多魔라는 말이 무색하게 저자는 책이 나온 같은 달에 43세 나이로 아들을 낳았다.

《꽃들에게 희망을》은 1949년에 생긴 크리스토퍼상Christopher Award을 받았다. '인간 정신의 최고 가치를 옹호한' 책, 영화, TV프로그램의 제작자와 작가에게 주는 상이다.

이 책은 1972년 9월에 출간됐다. 1972년은 우리에게는 어떤 해인가. 7월 4일에 '7·4 남북 공동 성명'이 발표됐다. 유신헌법으로 박정희 대통령이 제8대 대한민국 대통령으로 취임한 해이기도 하다.

트리나 폴러스는 1931년 미국 오하이오주 클리블랜드에서 태어났다. 아버지는 엔지니어였다. 어머니의 아버지는 잡화점을 운영했다. 부계·모계 모두 1840년대에 뉴올리언스에 정착한 독일 출신 이민자들이었다.

신심이 두터운 가톨릭 집안이었다. 부모는 그들이 말하는 바를 실제로 실천하는 분들이었다. 남에 대한 험담을 하지 않는 분들이었다. 저자는 10대부터 가톨릭 액션Catholic Action 등 가톨릭 단체에서 활동했다. 이들 단체들의 행동수칙은 간단했다. 다음 세 가지로 요약되는 수칙이었다. ①관찰하라 ②복음에 의거해 판단하라 ③보편적 사랑이라는 예수의 메시지에 어긋나는 것이 있으면 행동으로 수정하라.

저자는 평생 환경운동가·자원봉사자로 활동했다. 18세 때 대학 장학금 두 개를 제안 받았지만 대학에 진학하지 않았다. 이집트에서 가난하기 때문에 학교에 갈 수 없는 어린 여학생들을 돕고 협동조합 운동을 했다. 책 출간 후에는 미국으로 귀국해 '자연친화적인 지속가능한 농업'인 영속농업을 위해 헌신했다.

── 서로 사랑하면
그것으로 충분하다

돈을 벌려면 비즈니스를 해야 한다. 이 책은 비즈니스에도 교훈을 남긴다. 실제로 《경영전환Management Shift》이라는 책의 저자에 영감을 줬다.

리스크의 문제를 다룬 책으로 볼 수 있다. 국가, 기업을 비롯한 많은 조직체들이 애벌레 단계에서 성장을 멈춘다. 애벌레 입장에서 번데기가 되는 것은 '죽음'이라는 리스크를 의미한다. 대다수 기업들이 중소기업, 중견기업에서 멈춘다. 국내 대기업이나 세계적인 기업은 되지 못한다. 영어 학습의 경우에서도 대부분의 학습자들이 초급·중급 수준에서 멈춘다. 자유롭게 읽고 듣고 말하고 쓰는 영어를 구사하는 고급에 도달하지 못한다.

이 책에 나오는 나비의 길은 블루오션, 애벌레의 길은 레드오션에 해당한다고 볼 수 있다. 블루오션이 더 바람직하고 더 쉬운 길이라고 생각할 수도 있다. 한번 생각을 뒤집어볼 필요가 있다. 오히려 레드오션이 더 쉬울 수도 있다. 블루오션의 길이 더 험난하다. 어쩌면 레드오션의 승자가 진정한 승자다.

이 책에는 좀 코믹한 문장이 나온다. 이것이다. "우리는 바닥에 있는 것도 아니고 정상에 있는 것도 아니니 중간에 있는 게 틀림없다" 기업들은 자신이 방금 생긴 창업기업도 아니고 대기업도 아니라는 것은 안다. 자신의 정확한 위상을 아는 기업은 얼마나 될까. 사람은 '나이'라는 것이 있어서 자신이 어린이인지, 청년인지, 중년인지, 노년인지 안다. 하지만 그 때문에 착각에 빠진다.

"정상에 도달하려면, 우리는 기어오르지 말고 날아가야 한다"는 내용도 생각할 거리를 던진다. 하지만 '날아간다'는 것은 우리 기업에서 구체적으로는 무엇을 의미할까. 상당한 고민을 촉구하는 질문이다.

《꽃들에게 희망은》은 '우리에게 진짜 중요한 것은 무엇일까'를 묻는다. 저자가 내놓는 답은 이것이다. "우리는 서로 사랑한다. 그것으로 충분하다"

）

우리는 애벌레, 나비가 아니라

몸을 바꿀 수는 없으나

삶에 대한 태도는 바꿀 수 있다

무엇이 우리를
주저하게 만드는가 ─────────────

아타르 & 피터 시스 《새들의 회의》

신神과 인간의 관계는, 섣불리 말할 수 없는 매우 복잡하고도 어려운 문제다. 어떤 이들은 신이 없다고 한다. 우리 자신이 인간이기에 '인간은 없다'고 하는 이들은 없다. 어떤 이들은 신의 존재 유무 문제에 별 관심이 없다. 일부는 '신이 있건 없건 깨달은 인간은 신보다 위대하다'고 말한다. 어떤 이들은 '인간이 신이요, 신이 곧 인간'이라고 주장한다. 또 어떤 이들은 신과 인간은 별도의 존재라는 것을 인정하면서도, 신인합일神人合一이나 천인합일天人合一의 가능성을 꿈꾼다.

조선왕조에서 일종의 '국가종교'였던 유교, 서양과 동양이 우리나라에서 만났을 때 탄생한 천도교는 공통적으로 천인합일天人合一을 말한다. 유교에서 천인합일은 "하늘과 사람이 하나라는 말"이다. 천도교에서는 "한울님과 사람은 하나"라는 말이다. 이 '하나다'라는 말의 뜻은 무엇일까.

— 죽음을 무릅쓰고 떠난다고
모두 도착하는 것은 아니다

이 '하나'의 문제는 세계 3대 유일신 신앙인 유대교·그리스도교·이슬람교에서도 다룬다. 특히 이 세 종교에서 파생한 신비주의는 유교나 천도교와 유사한, 신과 인간이 하나가 될 수 있는 가능성에 대해 이야기한다.

이슬람의 수피Sufi가 좋은 실례다. 표준국어대사전을 찾아보면 수피에 대해 이렇게 나온다. "이슬람교의 신비주의자. 금욕과 고행을 중시하고 청빈한 생활을 이상으로 하였으며, 알라와의 합일 경험을 중시하였기 때문에 한때 이슬람 정통 교단으로부터 이단으로 몰리기도 하였다."

'신인합일' 주장으로 한때 이단으로 몰렸지만, 수피 이슬람은 수많은 신학서와 문학서를 생산했다. 그중 백미는 12세기 페르시아의 신비주의 시인 파리드 우딘 아타르가 쓴 《새들의 회의》(1177)다.

4500행이 넘는 우화시다. 죽음을 무릅쓰고 자신들을 이끌 왕을 찾기 위해 떠나는 새들 이야기다. 수천 마리가 여정에 참가했는데 많이 죽었다. 중도 포기한 새도 많았다. 목적지인 산 정상에 있는 호수에 도달한 새는 30마리에 불과했다.

이 책의 국문판은 1991년 8월 1일 예하 출판사에서 류시화 번역으로 출판됐지만 아쉽게도 절판됐다. 대신 영문판, 예컨대 펭귄클래식에서 출판한 아타르의 《새들의 회의The Conference of the Birds》(1984, 2011)를 읽을 수 있다. 그런데 좀 길다. 262페이지다. 대안은 삽화가이자 어린이 책 작가인 피터 시스Peter Sis가 아타르의 작품을 재해석한 펭귄프레스판(2011) 《새들의 회의》다. 특이하게도 이 책은 페이지 번호가 없다. 세어보니 140여 페이지다. 글보다 그림이 더 많다는 느낌이다.

피터 시스의 《새들의 회의》는 아타르의 원저의 원의原意를 손상하지 않고 압축했다. 글도 좋지만, 그림이 예술이다. 한 문장 한 문장 고심했다는 게 전달된다. 피터시스의 그림에는 글 못지않게 중요하고 재미있는 정보가 담겼다.

피터 시스가 재해석한 《새들의 회의》의 핵심 주인공은 후포Hoopoe 다. 우리말로는 후투티, 오디새다. 머리에 관모冠毛가 나 있고 부리가 긴 새다. 후포는 《새들의 회의》에서 지도자 역할을 수행한다.

— 모든 문제에 해답을 줄 지도자는 '나' 자신이다

어쩌면 우리 역사에서 후포와 가장 가까운 인물은 고구려 시조 고주몽, 즉 동명성왕東明聖王(BC 58~19)이다. 주몽은 부여를 떠나 고구려라는 새로운 나라를 만들 때 망설임이나 저항과 마주했을 것이다.

후포는 또 유대교·그리스도교 《성경》의 모세를 연상시킨다. 이집트를 떠나 가나안으로 떠나야 한다는 모세의 주장에 반대하는 사람들도 있었고, 떠난 다음에도 이집트에 미련이 남아, 우리 비표준어로 '궁시렁궁시렁'하는 사람들도 있었다. 주몽과 모세는 친숙한 고장을 뒤로하고 무리를 이끌고 미지의 세계를 향해 떠났다.

《새들의 회의》의 문학적 모티브도 같다.

피터 시스가 재해석한 아타르의 《새들의 회의》의 줄거리를 요약하면 이렇다. 전 세계 새들이 모여서 회의를 개최했다. '새들의 유엔총회'라고나 할까. 후포가 개회사를 한다. 회의를 개최한 목적은 세상의 무질서, 불만 등 온갖 문제를 좌시할 수 없다는 것이다. 뭔가 행동이 필요하다는 후포의 주장에 새들이 수긍한다.

후포는 "나는 모든 문제에 해답을 줄 수 있는 왕을 안다"고 주장하며 "그를 찾아 떠나자"고 한다.

후포의 말이 떨어지자마자 한 새가 이의를 제기한다. "이 왕이 존재한다는 것을 우리는 어떻게 알 수 있는가?"

후포는 좀 빈약한 근거를 댄다. 훌륭한 지도자라고 해서 항상 완벽한 근거나 솔루션을 제시하는 것은 아니다. "중국에 그의 깃털을 그린 그림이 있다"며 "그는 우리가 그로부터 떨어져 있는 만큼 우리와 가까운 곳에 있다"는 뭔가 좀 알쏭달쏭한 이야기를 한다. 이 말은 책의 결론을 암시하는 문학적 장치다.

후포는 또 새들의 왕의 이름이 시모르그Simorgh이며 그는 카프Kaf라는 산에 산다고 주장한다. 시모르그는 서양의 불사조(피닉스phoenix)에 해당하는 전설적인 새다.

후포가 장밋빛 미래를 약속하지만, 새들은 직감적으로 힘든 여정이 될 것을 알기에 주저한다. 상당수 새가 나름 편안하게 살고 있어서다.

새들은 떠남의 결과로 낯선 환경에서 고생하는 게 싫다. 의구심도 있고 공포도 있다. 그래서 새들은 떠나지 않을 이유를 주절주절한다. 예컨대 오리는 "나는 물 위에 떠 있는 게 행복하다. 물은 만물의 근원이다"라고 말한다. 나이팅게일은 "나는 사랑을 위해 산다. 내 장미와 나는 하나다. 어떻게 내가 내 장미를 떠날 것인가?"라고 묻는다.

— "사랑은 어려운 것을 사랑한다"

모험이 두려워 남을 새는 남고, 리스크에도 불구하고 뭔가 새로운 것을 희구하는 새는 떠난다. 그 새들은 이륙한다. 대장정이 시작된다.

일단 후포를 믿고 통 크게 따라나섰지만, 후포가 새들의 신뢰를 온전히 확보한 것은 아니다. 불만은 계속 나온다. 중간중간 후포는 그가 이끄는 무리들을 제압해야 한다.

위기가 닥치면 후포는 사랑을 다시 한번 강조한다. 사랑이라는 명분 앞에서는 사람, 새, 존재들이 약한 모습을 보이기 때문이다. 후포는 "사랑은 어려운 것을 사랑한다"며 새들을 달랜다.

'새들의 주몽', '새들의 모세'라 할 수 있는 후포는, 새들을 이끌고 끝이 보이지 않는 사막과 산맥을 넘는다. 그 과정에서 새들은 이것을 깨닫는다. "7개 대양은 빗방울이다…"

후포를 믿지 못하는 새들은 속속 비행 편대에서 이탈한다. 후포를 믿는 새들은 7개 계곡을 하나씩 하나씩 넘는다. 계곡은 깨우침을 얻기 위해 넘어야 할 장벽을 상징한다.

그들이 넘은 첫 번째 계곡의 이름은 탐구다. 두 번째 계곡은 사랑, 세 번째 계곡은 이해, 네 번째 계곡은 무심, 다섯 번째는 일치, 여섯 번째는 경이, 마지막 일곱 번째는 사망이다.

지도자로서 후포는 새들에게 모든 집착, 권력, 소중한 모든 것을 버리라고 역설한다. 이러한 후포의 강요가 버거운, 각자의 집착을 버릴 수 없는 어떤 새들은 계속 떠난다.

예컨대 세 번째 계곡인 '이해'에서 이렇게 항의하는 새도 있었다. "우리는 어디에 있는가. 이 이해의 계곡에서는 이해가 없다."

무작정·맹목적이건 어떤 합리적인 이유에서건 후포를 신뢰한 새들은 카프Kaf산에 드디어 도달한다. 카프산은, 환웅이 풍백·우사·운사와 3천 무리를 거느리고 내려온 태백산太白山이라고 할 수 있다. 그리스 신화로 치면 올림포스산, 유대교·그리스도교 전통에서는 모세가 신을 만났다는 시나이산이다.

어떤 불타는 목마름 때문에 여정을 계속한 새들은 드디어 그들이 너무나 보고 싶었던 새들의 왕을 만난다. 새들의 신, 새들의 왕인 그를 만나고 보니… 시모르그 왕은 마지막까지 인내심으로 그곳에 찾아간 자기 자신들이었다.

아타르의 《새들의 회의》를 재해석한 피터 시스는 1949년 체코슬로바키아에서 태어났다. 그는 세계적으로 유명한 삽화가, 작가, 영화 제작자다. 중요한 상을 아주 많이 받았다.

원작자인 아타르는 이슬람교, 그중에서도 수피 신앙에 충실했던 페르시아 사람이다. 니샤푸르에서 태어나 원래는 약방을 경영했다는 아타르에 대해 알려진 것은 많지 않다.

확실한 것은 아타르가 그가 살던 시대의 '표준적인 사고에 도전했다'는 것이다. 그래서 그는 박해를 받았으며, 이단이라는 비난을 받았으며, 귀양살이를 했다. 그가 몽골군에게 죽임을 당했다는 전설도 내려오고 있으나 확실하지는 않다.

수피 이슬람 입장에서 신인합일을 주장하는 이 책을 21세기 버전에서 세속적으로 재해석할 수도 있다. 우선, 새들처럼 미지의 세계로 떠나려면, 나는 누구인가, 내가 가장 바라는 것은 무엇인가를 묻고 답을 얻어야 한다.

내가 진짜로 바라는 것은 뭘까. 돈, 권력, 명예? 부모 형제, 부모 자식 간의 화합? 사람마다 답이 다르다. 남이 제시한 질문과 답을 추종하지 말고 스스로 자신과 맞는 질문과 답을 찾아야 한다.

자신이 진정으로 바라는 것을 알고 집중한 결과 성공한 대표적인 인물로는 오프라 윈프리가 있다. 오프라 윈프리는 2008년 6월 15일 스탠퍼드대 졸업식 축사에서 "내가 들어본 최고의 칭찬 중 하나는 한 기자에게 들었다"고 말했다.

그 기자는 윈프리에게 이렇게 말했다고 한다. "당신은 정말 바뀌지 않았군요. 당신은 그저 더 당신답게 되었군요."

자신이 진정으로 바라는 것을 파악한 다음에는, 자신의 바람을 가로막는 요인들이 어떤 게 있는지 파악해야 한다.

두 번째 질문은, '내가 바라는 것을 얻는 데 방해가 되는 것은 무엇인가', '목표에 매진하는 데 내가 주저하는 이유는 무엇인가'다.

세 번째 질문은 '당신은 멘토가 있는가'다. 《새들의 회의》에서 멘토는 후포다. 당신을 이끄는 멘토십 담당자가 꼭 사람일 필요는 없다. 당신이 하고 싶은 일을 성취하려면 좋은 책을 최소한 세 권은 읽어야 한다. 그 세 권이 당신의 멘토다.

네 번째 질문은 '당신은 어느 단계까지와 있는가'다. 우리는 단계적으로 발전한다.

끝까지 한 번 가보겠다는 사람에게는 믿음도 필요하다. 믿음의 대상은 불법佛法일 수도 있고 신神일 수도 있고 천명天命일 수도 있다.

아타르의 인식을 확장한다면, 우리는 신성神聖과 인성人性, 불성佛性과 인성人性이 불이不二라는 것을 깨달을 때 상당히 많은 문제를 해결할 수 있으며, 우리네 인생을 행복을 향해 한 단계 업그레이드할 수 있다.

그저 더욱 나답게 되는 것이

나를 위한 진정한 변화다.

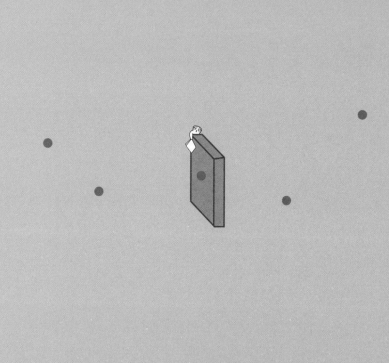

사랑에 빠진다면
이렇게

사랑의 시작이
결말을 말해주진 않는다 ————————

셰익스피어 《베니스의 상인》

셰익스피어(1564~1616)는 비누 같은 작가다. 지나친 힘으로 셰익스피어라는 미끈미끈한 비누를 쥐면, 그는 우리 손아귀를 탈출해 튕겨나간다. 이 대문호를 파악하기 위해서는 적당한 악력으로 그를 잡는 게 필요하다.

역사를 만든 많은 천재들은 자신이 천재라는 것을 알았다. 그들은 후세가 자신을 기억하리라는 것을 확신했고 또 평가를 두려워했다. 셰익스피어도 그랬을 것이다. 그 또한 100년 후나 500년 후에도 자신의 작품이 이러쿵저러쿵 언급되리라는 것을 내다본 듯하다. 그는 시대의 변화에 따른 비난을 예상하고 빠져나갈 퇴로를 작품 곳곳에 마련했다. 《베니스의 상인The Merchant of Venice》도 그런 경우다.

천재는 두 마리의 토끼를 잡는다. 셰익스피어는 부자와 가난한 자, 힘 있는 자와 힘없는 자를 모두 만족시켰다. 그 시대 나름의 좌파·우파, 보수·진보가 모두 셰익스피어의 작품에 울고 웃는 어린이였다.

《베니스의 상인》에서는 유대인들에 대한 영국인의 분노에 일정 부분 동의한다. 당시 영국인들에게 유대인은 괴물이었다. 죽으면 지옥행인 악마의 하수인이었다. 하지만 셰익스피어는 유대인들 또한 영국인들과 마찬가지로 인류 공동체의 일원이라는 것을 조심스럽게 역설했다. 셰익스피어의 작품에는 현묘하고 혼란스러운 '셰익스피어 코드'가 있다.

《베니스의 상인》이라는 이야기의 단초를 마련한 가상 인물은 배사니오Bassanio다. 그는 돈을 흥청망청 써버리는 습관이 있다. 그에게 돈 문제 해결 수단은 결혼이다. 기회가 다가왔다.

포샤Portia라는 상속녀가 배사니오의 레이더망에 잡혔다. 포샤는 베니스에서 가까운 가상의 도시 벨몬트에 산다. 포샤는 아름답고 똑똑하고 돈 많은 여성이다. 포샤는 호메로스의 《오디세이아》에 나오는 페넬로페처럼 구혼자들에게 시달린다.

배사니오는 포샤에게 청혼에 필요한 기본 자금조차 없다. 친구 앤토니오Antonio에게 돈을 꿔 달라고 부탁한다. 앤토니오는 해상무역 거상巨商이다. 《베니스의 상인》에서 주인공이 샤일록Shylock이라고 착각하는 경우도 발생한다. 아니다. 앤토니오가 '베니스의 상인'이다. 사실 이 작품이 초기에는 '베니스의 유대인'으로 공연됐다.

배사니오는 앤토니오에게 3000더컷ducat, 즉 요즘 돈으로 53만 달러(6억원)를 빌리려고 한다. 앤토니오는 트리폴리·인도·멕시코·영국·리스본·북아프리카로 떠난 무역선에 재산을 몽땅 투자했다. 지금 수중에는 한 푼도 없다.

현금 유동성 위기에 처했지만 앤토니오는 친구 배사니오의 부탁을 거절할 수 없다. 유대인 대금업자 샤일록에게 아쉬운 소리를 해야 한다. 샤일록은 "재물은 축복이다, 사람이 재물을 훔치지만 않는다면"이라고 말하는 금융 자본가다.

— 지나친 모멸감은
  물불 안 가리는 복수심 부른다

앤토니오와 샤일록 사이에는 구원舊怨이 있다. 앤토니오는 돈을 꿔줄 때 그리스도교 교리에 따라 이자를 받지 않았다. 심지어 돈을 갚을 능력이 없는 사람들에게도 돈을 꿔줬다. 샤일록 입장에서는 업계 관행을 혼탁하게 하는 업무방해다. 게다가 앤토니오는 샤일록에게 침을 뱉고 그를 개 취급했다.

달콤한 복수의 기회를 얻은 샤일록은 돈을 빌려주는 대신, 3개월 안에 못 갚으면 앤토니오의 살 1파운드(453.592그램)를 달라고 요구한다.

사람을 조롱하면 절대 안 된다. 지나친 모멸감은 물불을 안 가리는 복수심을 낳는다. 샤일록은 돈을 목숨보다 사랑했지만, 분노와 복수심은 돈에 대한 애착을 무력화했다. 오로지 앤토니오의 죽음을 바랐다.

배사니오는 절친 앤토니오가 마련해준 3000더컷을 밑천으로 포샤에게 청혼하러 간다. 그런데 포샤와 결혼하려면 포샤의 아버지가 남긴 유서가 조건으로 내세운 '사위 시험'을 통과해야 한다.

이런 시험이다. 각기 금·은·납으로 만든 상자 중 하나를 선택하는 것이 과제다. 금으로 만든 장식함에는 "나를 선택하는 자는 많은 사람이 바라는 것을 얻으리라"라고 적혀 있다. 결과는 '꽝'이다. 함을 열면 "반짝인다고 다 금은 아니다."라는 문구와 함께 해골이 모습을 드러낸다.

은으로 된 상자도 허망하다. 정답이 아니다. "나를 선택하는 자는 그의 자격에 합당한 만큼을 얻으리라"라고 적힌 은으로 된 상자를 열면 눈을 깜빡이는 멍청한 바보의 초상이 보인다.

배사니오가 선택한 납 상자에는 이렇게 적혀 있었다. "나를 선택하는 자는 그가 가진 모든 것을 걸어야 한다." 납 상자를 여니 포샤의 초상화가 들어 있었다. 배사니오는 죽은 장인의 사위로 뽑힌 것이다. 한데 반칙도 있었다. 배사니오가 맘에 쏙 든 포샤는 배사니오가 납 상자를 선택하도록 힌트를 줬다.

포샤의 아버지의 뜻은 무엇이었을까. 야심가나 합리적인 인간이 아니라 사랑하는 딸을 위해 모든 것을 걸 수 있는 사위를 바랐던 것 같다. 대개는 부모가 정략 결혼을 희망하고 젊은 자녀는 사랑에 눈이 멀어 조건 따위는 내던지게 된다. 여기서는 아이러니하게도, 부자인 아버지가 딸만큼은 순수한 애정을 받기를 희망했다. 돈은 고통에서 벗어나게는 해줄지언정 행복과 사랑을 가져다주지 못한다는 것을 알기 때문이다. 오히려 큰 재산은 화를 불러오기 쉽다.

그러나 딸 포샤는 아버지의 뜻을 아는지 모르는지, 자신의 마음에 들어온 남자에게 금도끼 대신에 쇠도끼를 잡으라고 힌트를 주었다. 가난한 귀족 베사니오가 자신의 재산에 무임승차하려는 사실은 까맣게 몰랐다.

훗날 셰익스피어 학자들은 베사니오에 대한 변명을 쓰기도 했다. 그가 처음에는 재산을 얻기 위해 신붓감을 찾았지만, 이후에는 포샤의 아름다움에 진정으로 반했다는 것이다. 아름다움은 또다른 조건 아닌가? 아무것도 기대하지 않는 순수한 사랑이라는 것이 있을까? 주위를 봐도, 조건 없이 젊은 나이에 사랑을 시작했다고 끝이 꼭 좋은 것도 아니다. 어떻게 시작되었든 사랑과 관계는 가꿔가는 사람들의 몫이다.

배사니오는 구애에 성공했지만, 그의 절친 앤토니오는 절체절명의 위기를 맞이한다. 그가 투자한 상선들이 모두 파선했다는 가짜 뉴스가 들려왔다. 샤일록에게 살점 1파운드를 뜯길 위기다.

당시 상업·무역 자본주의의 선봉에 선 가톨릭 도시국가 베니스는 법치국가였다. 그야말로 '악법도 법이다'라는 말을 무시할 수 없는 나라였다.

이때 새댁 포샤가 남장을 하고 법학박사 법관으로 위장해 핀치히터로 나선다. '살은 베어도 피는 한 방울도 안 된다'는 계약 해석으로 샤일록의 살기殺氣를 무력화한다. 더 나아가 샤일록은 모든 재산을 빼앗길 위기에 빠진다. 이방인인 샤일록이 그리스도교인의 목숨을 위협했기 때문이다. 포샤는 수습안을 제시한다. 샤일록은 그리스도교로 개종하는 것을 조건으로 재산의 일정 부분을 유지한다.

그리고 앤토니오가 투자한 상선 세 척이 짐을 싣고 입항했다는 기쁜 소식도 들린다.

─ 사람은 모두 같다

정의와 자비와 우정이라는, 시대를 초월한 가치를 다룬 희비극 《베니스의 상인》은 20세기 초까지 가장 인기 있는 연극 중 하나였다. 유대인을 학살한 나치스의 만행으로 《베니스의 상인》은 뜨거운 감자가 됐다. 나치스 독일은 《베니스의 상인》을 1930년대 반유대주의 프로파간다 수단으로 삼았다.

겉만 봐서는 알 수 없다는 것이 《베니스의 상인》의 주요 주제다. 금과 은이 아니라 납으로 만든 상자가 더 소중한 가치를 담을 수 있다. '겉'인 피부색이나 생김새만으로 사람을 평가할 수 없다.

셰익스피어는 아마도 유대인을 만난 적이 없다. 유대인은 1060년대 노르만족과 함께 영국에 진출했지만, 1290년 영국에서 추방됐다. 유대인들이 그리스도교로 개종하는 것을 조건으로 영국으로 돌아온 것은 그의 사후 40년 후인 1655년이다. 《베니스의 상인》에 나오는 유대인 샤일록은 셰익스피어에게 상상 속 유대인이자 풍문으로 접한 유대인이었다. 하지만 셰익스피어는 유대인의 심정을 다음과 같이 샤일록의 입을 통해 표현한다. 일장연설이자 절규다.

"나는 유대인이다. 유대인은 눈이 없다는 말인가? 유대인은 손, 오장육부, 신체 용적, 감각, 감정, 정열도 없단 말인가? 유대인은 그리스도교인인 그대들과 마찬가지로 같은 음식을 먹고, 같은 무기로 상처받고, 같은 질병에 걸리고, 같은 수단으로 치료되며, 같은 겨울과 여름의 추위와 더위를 느낀다. 그대들이 우리를 찌르면 피를 흘리지 않는가? 그대들이 간질이면 우린 웃지 않는단 말인가? 그대들이 우리에게 독을 먹이면 우리는 죽지 않는가? 그대들이 우리를 부당하게 대하면, 우리는 복수하지 않겠는가?"

─ 정말로 나는 내가 왜 이토록
슬픈지 모른다

19세기까지 《베니스의 상인》은 그리스도교의 자비와 사랑을 유대교의 엄격한 율법주의를 대비시키는 작품이었다. 20세기부터는 반유대주의의 대표적인 허구적 희생자인 샤일록에 대한 셰익스피어의 생각을 분석하는 자료가 됐다.

《베니스의 상인》은 다음과 같은 앤토니오의 말로 시작된다. "정말로 나는 내가 왜 이토록 슬픈지 모른다." 유대인들에 대한 혐오를 제외하고는, 앤토니오는 지극히 선한 사람이었다. 그런 그가 왜 우울했을까. 그의 멜랑콜리의 원인은 무엇이었을까.

앤토니오의 슬픔은 비즈니스 걱정 때문일까. 천성이 지나치게 진지하기 때문일까. 어떤 비평가는 앤토니오의 배사니오를 향한 동성애적 사랑을 슬픔의 원인으로 지적하기도 한다. 앤토니오와 배사니오와 포샤를 3각 애정 관계로 보는 시각이다. 하지만 셰익스피어 시대의 우정을 동성애적 사랑과 연결하는 것은 시대착오적이라고 볼 수 있다.

《베니스의 상인》에 나오는 또 다른 심각하게 우울한 사람은 포샤다. 그는 다음과 같은 말과 더불어 작품에 등장한다. "…거대한 이 세상은 작은 내 몸을 몹시 지치게 한다." 포샤의 우울함은 상대적으로 설명하기 쉽다. 포샤는 자칫 잘못하면 원하지 않는 사람과 결혼을 해야 한다.

《베니스의 상인》의 앤토니오와 포샤의 멜랑콜리는 프랑스 시인 폴 베를렌(1844~1896)의 '내 가슴속에 눈물이 흐르네'(1874)를 연상시킨다.

도시에 비가 내리듯 내 가슴 속에 눈물이 흐르네

가슴을 뚫고 들어오는 이 우울함은 무엇인가

오, 땅에서 지붕 위에서 들리는 달콤한 빗소리여

권태감에 빠진 어느 한 가슴을 위로하는 빗물의 성가(聖歌)여

메스꺼운 이 가슴에 이유 없이 눈물이 떨어지는구나

뭐라고! 배신은 없었다고? … 이 내 슬픔에는 이유가 없구나

'왜'를 알 수 없는 고통이 최악의 고통이다

사랑도 없이 미움도 없이 내 가슴은 이토록 큰 벌을 받는구나!

《베니스의 상인》에는 요즘 우리의 고민을 연상시키는 고민이 담겨 있다. 물론 달라진 것도 있다. 16세기 베니스의 유대인들은 게토에서 생활했다. 오늘날 게토는 사라졌다.

하지만 《베니스의 상인》이 그리는 초기 상업자본·금융자본의 문제는 '후기 자본주의' 시대에도 현재진행형이다.

그 시대에도 샤일록처럼 '법대로 하자'는 식의 사람들이 있었다. 법과 권력이 미묘하게 연결됐다는 것을 모르는 무지에서 나온 주장이었다. 샤일록 또한 '법대로 하자'고 주장하다가 자칫 무일푼이 될 뻔했다.

극중 인물인 배사니오나 샤일록의 딸 제시카는 돈이 생기면 흥청망청 다 써버린다. 21세기에도 그런 유혹에 빠지기 쉽다. '개종'이 대표하는 다문화 갈등도 《베니스의 상인》에 나온다.

셰익스피어의 시대에도 오늘날과 마찬가지로 인종과 관련된 편견이 있었다. 그러한 편견에도 불구하고 사람들은 사랑을 했고, 인간적인 욕구 때문에 갈등하고 선택하길 반복했다.

사랑은 그 사랑을 하는 인간만큼이나
복합적이다.

참된 사랑은
순탄히 흐른 적이 없다 ——————

셰익스피어 《한여름 밤의 꿈》

사랑도 인생도 결국엔 봄이나 여름에 꾸는 꿈이다. 우리는 결혼식에 참석할 때마다 신부, 신랑이 퇴장할 때 '한여름 밤의 꿈'을 자주 들을 수 있다. 《한여름 밤의 꿈》을 표준국어대사전은 이렇게 소개한다.

- "영국의 극작가 셰익스피어가 지은 희곡. 숲속 요정들의 도움으로 두 쌍의 젊은이들이 사랑을 이루어 결혼하게 된다는 내용으로, 모두 5막으로 되어 있다."
- "멘델스존이 작곡한 관현악곡. 셰익스피어가 지은 같은 이름의 작품에 붙인 곡이며, '결혼 행진곡'은 그 한 부분이다."

그런데 '한여름'이란 무엇일까.

'한'은 여러 단어에 '크다·정확하다·한창이다'는 뜻을 더하는 접두사다. 접두사 한이 붙은 단어로는 한가득·한가운데·한가위·한걱정·한길·한바탕·한시름·한낮·한밤 등이 있다. 한국韓國의 '한'또한 '크다·정확하다·한창이다'와 연관성이 깊을 것이다.

'한'은 한봄(봄이 한창인 때), 한여름(더위가 한창인 여름), 한가을(한창 무르익은 가을철), 한겨울(추위가 한창인 겨울)의 경우처럼 계절 구분에도 쓰인다.

꿈이란 또 무엇일까.

인생을 '일장춘몽一場春夢'이라고 한다. 일장춘몽은 "한바탕의 봄꿈이라는 뜻으로, 헛된 영화나 덧없는 일을 비유적으로 이르는 말"이다.

인생이라는 꿈을 꾸기 위해서는 '일장一場'이 필요하다. 일장은 "어떤 일이 벌어진 한 판"이다. 일장에서 장場은 마당이다. 마당은 "어떤 일이 이루어지고 있는 곳"이다. 셰익스피어에게 마당은 무대였다.

장場 중에서도 최고의 한마당은 난장亂場이다. "여러 사람이 어지러이 뒤섞여 떠들어 대거나 뒤엉켜 뒤죽박죽된 곳"인 난장은 우리에게 특별한 체험을 선사한다.

꿈속 세상은 뒤죽박죽이다. 난장판이다. 현실 세계와 달리 공간·시간·인과율이 마구 엉켜 있는 게 꿈 세계다.

'한여름 밤의 꿈A Midsummer Night's Dream'을 중국에서는 '중하야지몽仲夏夜之夢'으로 번역했다. 중하仲夏는 "여름이 한창인 때라는 뜻으로, 음력 5월을 달리 이르는 말"이다.

중국어 번역 '중하'가 '한여름'보다 영어 'midsummer'에 더 가깝다. midsummer는 양력 6월 21일경에 떨어지는 하지夏至를 가리킨다. 반면 '한여름'은 "더위가 한창인 여름"이다.

꿈이란 무엇인가. ①"잠자는 동안에 깨어 있을 때와 마찬가지로 여러 가지 사물을 보고 듣는 정신 현상"이요 ②"실현하고 싶은 희망이나 이상"이요 ③"실현될 가능성이 아주 작거나 전혀 없는 헛된 기대나 생각"이다.

카를 마르크스(1818~1883)가 "종교는 인민의 아편이다"라고 했지만 "꿈은 아편이다"라고 할 수도 있다. 종교나 꿈은 결코 '헛된 기대나 생각'이 아니다. 세상의 모든 고등 종교는 문명과 사실상 동의어였다. 목사인 미국 인권운동가 마틴 루서 킹 주니어(1929~1968)는 "내게는 꿈이 있습니다I Have a Dream"라는 아포리즘으로 세상을 바꿨다.

루서 킹 목사의 꿈은 피부색으로 인한 차별이 없는 세상이었다. '한여름 밤의 꿈'에서 '꿈'은 '자유 연애결혼'이라 할 수 있다. 계급과 신분, 재산의 차이는 '자유 연애결혼'을 방해한다.

계급·신분·재산의 차이를 빌미 삼아 자식들의 결혼을 반대하는 부모도 있다. '한여름 밤의 꿈'은 그런 차이를 일단 무시해버린다. 오로지 맞사랑(서로 주고받는 사랑)과 짝사랑(한쪽만 상대편을 사랑하는 일)에 집중한다.

'한여름 밤의 꿈'은 ①두 쌍의 귀족 자제들의 결혼 ②왕과 여왕의 결혼 ③부부싸움 중이던 또 다른 왕·여왕 커플의 화해로 끝난다. 주인공들은 모두 왕족·귀족이다. 계급·신분·재산상의 차이가 거의 없다.

— 셰익스피어는 미스터리를 드러낼 뿐,
　답을 주지 않는다

극이 시작할 때 고대 아테네의 군주 테세우스는 아마존의 여왕 히폴리테와 결혼을 4일가량 앞두고 있다. 테세우스는 아마존 종족을 정복했다. 히폴리테는 일종의 '전리품'이다. 그런데도 둘 사이에 별다른 갈등은 없다. 테세우스는 히폴리테에게 솔직하게 말한다. "히폴리테여, 나는 그대를 내 칼로 구애했소. 그리고 그대의 사랑을 상처를 입힘으로써 얻었소." 21세기 기준으로 좀 이상하다.

소풍을 기다리는 초등학생처럼 결혼식을 손꼽아 기다리는 테세우스 앞에 골치 아픈 민원이 들어온다.

명망 있는 귀족 이지어스가 나타나 딸 허미아가 귀족 자제 드미트리어스와 결혼하도록 압력을 넣어달라고 요청한다. 아버지는 드미트리어스를 사위 삼는 게 꿈이다. 딸은 라이샌더와 결혼하는 게 꿈이다. 라이샌더도 허미아와 결혼하고 싶다. 맞사랑이다.

드미트리어스도 허미아와 결혼하는 게 꿈이다. 하지만 허미아는 드미트리어스가 별로다. 드미트리어스의 사랑은 짝사랑이다. 짝사랑은 '폴란드 망명정부의 지폐처럼' 아무런 가치가 없는 것일까.

또 다른 짝사랑이 있다. 허미아의 절친인 헬레나가 드미트리어스를 짝사랑한다.

라이샌더와 드미트리어스 둘 다 귀족이다. 하지만 허미아는 라이샌더만 사랑한다. 헬레나는 키가 크고 금발이다. 허미아는 키가 작고 머리는 검은색이다. 그 외에 다른 예비 신부로서 자격은 대동소이하다. 하지만 라이샌더와 드미트리어스 모두 허미아를 점찍었다. 왜일까.

셰익스피어는 많은 경우 답을 주지 않는다. 그저 미스터리를 드러 낼 뿐이다. 인간의 선호選好 감정은 미스터리다. 그냥 싫고, 그냥 좋은 경우가 많다. 연애 문제만 그런 게 아니다. 이상하게 싫거나 좋은 상 관·부하가 있다. 똑같이 내 배 아파 낳은 자식이지만 더 애틋한 자식 이 있다. "열 손가락 깨물어 안 아픈 손가락 없다"는 속담은 더 아픈 손가락, 덜 아픈 손가락이 있다는 진실을 감춘다.

이지어스는 딸 입장에서 나쁜 아빠다. 아테네 군주 테세우스 앞에 서, 허미아가 국법에 따라 드미트리어스와 결혼하거나 죽임을 당하는 것 중에서 양자택일하라고 압박한다. 현명하고 온건한 군주인 테세 우스도 나라의 전통을 무시할 수는 없었다. 테세우스는 한 가지 옵 션을 더 제시한다. 여사제가 되어 평생 독신으로 사는 것.

드미트리어스와 결혼하는 것도, 죽는 것도, 여사제가 되는 것도 받 아들일 수 없었다. 허미아와 라이샌더는 사랑의 도피 행각을 벌이기 로 약속한다. 일단 숲에서 만나기로 한다. 허미아에게 헬레나는 속마 음을 이야기하는 절친이었다. 헬레나는 드미트리어스와 사랑에 빠졌 기에 그의 0.1초 미소가 아쉬웠다. 헬레나는 드미트리어스에게 조금 이라도 잘 보이기 위해 허미아의 도피 계획을 밀고한다.

이 두 쌍이 들어간 숲은 한마디로 난장판이 된다.

숲에는 요정의 왕 오베론과 요정의 여왕 티타니아가 테세우스·히 폴리테의 결혼식에 참석하기 위해 와 있었다. 오베론 왕에게는 '사랑 의 묘약'이라는 무기가 있었다. 잠든 사람의 눈꺼풀에 뿌리면, 잠에서 깨어났을 때 처음 보는 동물이나 사람을 미치도록 사랑하게 만드는 묘약이었다.

마침 오베론-티타니아 커플은 부부싸움 중이었다. 오베론은 부하 퍽에게 명령해 아내 티타니아에게 물약을 뿌리도록 명령한다. 잠에서 깨어난 티타니아는 당나귀 머리를 한 보텀을 사랑하게 된다. 숲에서 마침 평민들이 테세우스의 결혼식을 축하할 연극을 연습하고 있었는데 그중 보텀이 가장 개성 있는 인물이었다.

오베론 왕은 우연히 헬레나와 드미트리어스가 옥신각신하는 말을 들었다. 헬레나에게 측은지심을 느낀 그는 퍽에게 드미트리어스의 눈에 약물을 뿌리라고 명령한다. 퍽은 실수로 드미트리어스가 아니라 라이샌더의 눈에 약을 뿌렸다. 라이샌더가 잠에서 깼을 때 눈에 보인 것은 헬레나였다. 퍽은 실수를 바로잡고자 원래 명령대로 드미트리어스에게 약을 분사했다. 드미트리어스 또한 처음 본 것은 헬레나였다.

― 권력은
사랑에 간섭한다

사랑의 묘약 때문에 '전과 후'가 완전히 달라졌다. 두 남자 모두 허미아를 사랑하던 상황에서, 두 남자 모두 헬레나를 사랑하는 상황으로 바뀐 것이다.

사필귀정事必歸正이다. 결국 《한여름 밤의 꿈》은 해피엔딩으로 끝난다. 테세우스-히폴리테, 허미아-라이샌더, 헬레나-드미트리어스가 합동결혼식을 올린 것이다.

'한여름 밤의 꿈'은 1594년 혹은 1595년에 집필됐다. 《로미오와 줄리엣》과 거의 같은 시기다. 비극으로 끝나는 《로미오와 줄리엣》과 달리 《한여름 밤의 꿈》은 해피엔딩으로 끝난다. 아마도 귀족의 결혼식 축하 공연을 위해 쓴 작품이기 때문이다. 하지만 《한여름 밤의 꿈》의 극중극劇中劇인 '피라모스와 티스베의 가장 통탄할 코미디와 가장 잔인한 죽음'은 비극이다.

권력은 사랑에 간섭한다. 셰익스피어가 《한여름 밤의 꿈》에서 설정한 아테네에서도 숲에서도 권력은 사랑에 간섭한다. 양쪽 세계 모두 정치적이다. 권력이 지배하는 세계다. 근대화 이전에 권력의 정점은 군주다. 아테네의 군주 테세우스는 처음에는 이지어스의 손을 들어준다. 극의 마지막에서는 허미아-라이샌더 편을 들어준다. 숲의 군주 오베론 또한 사랑에 개입한다. 허미아-라이샌더, 드미트리어스-헬레나 커플을 만든 것은 결국 오베론의 개입이다. 주권재민의 시대에는 과연 '자유연애 결혼'이 권력으로부터 온전히 자유로울까.

— 사랑의 세계는 마술의 세계이자
   지극히 이성적인 세계다

이성과 감정도 사랑에 개입한다. 아테네가 상징하는 도시는 이성, 숲이 상징하는 자연은 비이성을 상징한다. 아테네는 낮, 숲은 밤이다. 아테네는 코스모스, 숲은 카오스다. 흥미로운 점은 아테네보다 숲속에서 오히려 인과율이 더 잘 작동한다. 아테네에서는 귀족 자제들이 별다른 이유 없이 끌린다. 숲 속에서는 사랑의 묘약이 원인, 사랑이 결과다.

셰익스피어가 그리는 사랑은 마법·마술이다. 매직이다. 사랑에는 분명 비합리적인 측면이 있다. 하지만 사랑은 이성적이기도 하다. 숲에서 드미트리어스와 라이샌더 둘 다 헬레나를 좋아하게 되지만, 헬레나는 반기지 않는다. 두 남자가 자신을 놀린다고 생각한다. 사랑의 변화에도 합리적인 설명이 필요하다.

사랑에도 변덕이 있다. 남자도 여자도 변덕스럽다. 《한여름 밤의 꿈》에서 드미트리어스는 헬레나에서 허미아로, 허미아에서 헬레나로 그를 눈멀게 하는 대상이 바뀐다. 반면 대조적으로 헬레나와 허미아의 사랑은 바뀌지 않는다. 마법의 영향 하에 요정의 여왕 티타니아는 당나귀 얼굴을 한 보텀을 사랑한다. 둘 사이에는 에로틱한 기운이 흐른다. 하지만 셰익스피어는 둘의 불륜을 적극적으로 발전시키지 않는다. 셰익스피어는 사랑과 관련해 여성은 남성과 달리 일관성이 있다는 것을 말하고 싶었던 것일까. 남성들이 바라는 신화에 동조한 것일까.

세상은 자유와 평등으로 나아가고 있다. 사랑의 영역에서도 많은 사람들이 '사랑의 자유'를 누릴 수 있게 됐다. 하지만 '사랑의 평등'은 영원히 누릴 수 없는 것일까. 왜 어떤 사람은 맞사랑을 향유하고 어떤 다른 사람은 짝사랑만 해야 하는 것일까.

당시 사람들은 상당수가 숲의 요정을 믿었다. 요정은 "서양 전설이나 동화에 많이 나오는, 사람의 모습을 하고 불가사의한 마력을 지닌 초자연적인 존재"다. 《프로테스탄티즘의 윤리와 자본주의의 정신》으로 유명한 독일 사회과학자 막스 베버(1864~1920)는 근대를 탈마술화Entzuberung·disenchantment라는 개념으로 살폈다. 근대가 탈마술화라면, 어쩌면 탈근대는 재마술화의 과정을 거쳐야 할지 모른다. 마침 숲은 상상력의 세계다. 소위 4차 산업혁명 시대나 인공지능AI 시대에서 생존과 가장 밀접한 것은 상상력이다.

시대를 초월해 극 중의 다음 두 마디는 항상 옳은 것 같다.

- "사랑은 눈으로 보지 않는다."
- "참된 사랑은 순탄히 흐른 적이 없다."

권력에는 간섭하려는 속성이 있다. 사랑에도 끼어든다.
돈이 권력이 되면 돈이 사랑에 간섭한다.
자유의 힘으로 권력을 통제해야 사랑도 자유롭다.

모든 사건의 배후에는
사랑이 있다 ————————————

셰익스피어 《맥베스》

홍수나 지진 같은 천재지변이 닥쳐오면 미물微物들도 자신의 목숨을 지키기 위한 자위적·방어적 행동에 나선다. 예를 들어 높은 곳으로 올라가고 도시를 탈출한다. 평소와 다른 행동을 한다.

인간은 미물이 아니라 영물靈物이다. 인간은 기본적으로는 비인간 생명체와 적어도 같은 수준의, 혹은 능가하는 예지력이 있다. 인간은 영물을 자처하지만 한때 미물이었고, 어쩌면 지금도 미물인 약한 존재다. 다른 동물과 달리 인간의 본능적인 예지력은 퇴화했다. 인간의 언어능력이 발전하는 과정에서 그렇게 됐다. 이성의 발달로 인간은 생리적·본능적 미래 예측력을 상실했다. 대신 수리적·통계적 모델을 만들어 미래를 예측한다.

인간 중 일부는 다른 인간과 달리 예지력을 계속 지니고 있다. 그들 중 일부는 점술가가 된다. 그들 중 일부는 정치나 경제·종교 등 분야에서 인류의 미래를 이끌 선지자가 된다.

셰익스피어 시대 사람들은 마녀들에게 예지력이 있다고 믿었다. 서양의 마녀는 우리 문화·종교 역사에서 무당에 해당한다. 그리스도교나 유교 같은 보편 종교의 '탄압'에도 불구하고 비저너리visionary들이 생존한 것은 놀라운 일이다.

당시 사람들은 신神의 존재를 믿었고 신이 인간에게 자유의지를 주었다고 믿었다. 예언이나 운명을 자유의지로 최종적으로 극복할 수 있다고 믿었다. 《맥베스》에 따르면 인간의 자유의지에 대항하는 마녀들의 가장 큰 무기는 '암시의 힘'이다. 마녀들은 맥베스가 왕이 된다고 했지, 왕을 죽이라고는 하지 않았다. 맥베스는 자기 자신의 의지와 선택, 자기암시를 바탕으로 덩컨Duncan 왕을 죽인다.

맥베스는 운명과 미래의 메커니즘에 대해 충분히 잘 알고 있었다. 그는 이렇게 말한다. "만약 운명이 내가 왕이 되기를 바란다면, 어쩌면 운명은 그런 일이 일어나도록 만들 것이니 나는 아무것도 안 해도 된다.", "어떻게든 일어날 일은 일어난다."

맥베스는 실제 인물이다. 1040~1057년 스코틀랜드 국왕이었다. 셰익스피어의 《맥베스》는 다음과 같이 인생을 요약한다. "그것은 바보가 들려주는, 음향과 분노로 가득한 아무런 의미 없는 이야기다."

맥베스는 스코틀랜드를 침입한 노르웨이와 아일랜드 병력을 물리친 영웅이다. 그는 이미 글람즈Glamis의 영주thane다. 세인thane은 족장·씨족장이나 귀족으로도 번역할 수 있다.

— 인생이란 바보가 들려주는
   아무 의미 없는 이야기다

전과를 올린 맥베스 앞에 세 명의 마녀가 나타나 예언한다. 그가 이번 공로로 이미 글람즈 영주인 그가 추가로 코더^{Cawder}의 영주가 될 것이며, 미래 스코틀랜드 왕이 될 것이라는 것.

마녀들 예언에 긴가민가하다가 결국 사로잡힌 맥베스는, 자신의 성으로 덩컨 왕을 초대해 죽이고 왕이 된다. 어쩌면 마녀들의 예언이 없었더라도 맥베스는 야망을 품었을 것이다. 마녀들의 예언이 그가 마음속 깊이 품은 야망의 불씨에 기름을 부었다.

덩컨은 이렇게 말한다. "사람의 얼굴을 보고 마음을 읽을 수 있는 기예技藝가 없구나." 이는 "열 길 물속은 알아도 한 길 사람 속은 모른다." "물의 깊이는 알 수 있어도 사람의 마음은 알기 어렵다水深可知人心難知"와 같은 말이다.

마녀들은 맥베스와 함께 외적을 물리친 뱅쿼^{Banquo}가 왕이 되지는 못하지만 자손들이 왕이 된다고 예언한다. "맥베스보다 더 작으면서도 더 크다"는 마녀들의 평가가 두려웠던 맥베스는 자객을 보내 뱅쿼를 죽인다. 맥베스는 이후 뱅쿼의 유령에 시달린다.

뱅쿼는 맥베스의 음모를 눈치채고 있었다. 하지만 그는 침묵한다. 그런 면에서 그는 기회주의자다. 역사의 최종 승자는 기회주의자인가.

11세기 스코틀랜드를 무대로 펼쳐진 《맥베스》를 가장 흥미롭게 감상한 관객은 아마도 스코틀랜드와 잉글랜드의 군주 제임스였다. 그는 스코틀랜드 국왕 제임스 6세(재위 1567~1625)였다가 잉글랜드 국왕 제임스 1세(재위 1603~1625)로 즉위한다. 그는 《맥베스》에 나오는 뱅쿼가 자신의 직계 조상이라고 믿었다. 제임스 1세는 킹제임스성경 KJB(1611)의 편찬을 후원했다. 그러나 그는 마녀 이야기나 점술 같은 미신을 좋아했다.

남자의 야심野心에 여자는 어떤 역할을 할까. 반대로 여자의 야심·야망에 남자는 어떤 역할을 할까.

맥베스의 아내인 레이디 맥베스Lady Macbeth는 '야野하다'. 섹시하다. '야하다'의 뜻은 "천박하고 요염하다", "이끗(利끗, 재물의 이익이 되는 실마리)에만 밝아 진실하고 수수한 맛이 없다"이다. 맥베스 부인은 자신의 성적 매력으로 남편을 뒷조종한다. 주저하는 남편을 부추긴다. 레이디 맥베스는 남편 맥베스를 지극히 사랑한다. 레이디 맥베스가 맥베스를 종용한 이유는 자신이 왕후가 되기 위해서가 아니라, 자신이 사랑하는 맥베스가 왕이 되는 것을 바랐기 때문일 것이다.

— 남자의 야심을 부추기는 것은
   '아내'라는 이름의 여자다

프랑스 대문호 알렉상드르 뒤마 페르(1802~1870)의 소설 《파리의 모히칸족Les Mohicans de Paris》 (1854~1859)에 나오는 "그 여자를 찾아라Cherchez la femme"에 주목할 필요가 있다. 영어로는 "Look for the woman"인 이 말은 모든 것의 배후에 여자가 있다고 주장한다.

이 말을 어떻게 해석해야 할까. 일면 21세기 남녀평등 시대에는 굉장히 부적절한 표현이다. 모든 문제를 여자 탓으로 돌리는 '나쁜' 말, 여성혐오 발언으로 해석할 수 있다. 또 '진정한 권력자는 남자가 아니라 여자'라는 말로 이해할 수도 있다. 또 '그 남자를 찾아라'는 말로 바꿀 필요도 있겠다. 가설로 주장한다면 세상에서 벌어지는 모든 일에는 남자가 있고 여자가 있고 그들의 사랑이 있다.

군주 시해를 감행하기 전에는, 맥베스보다는 레이디 맥베스가 멘탈이 더 강했다. 시해 음모가 성공한 다음에는 아내가 남편보다 더 고통스러워한다. 레이디 맥베스의 정신 상태가 급속도로 약해진다. 몽유병에 걸린다. 급기야는 극의 말미末尾에 자살한다.

왕이 된 맥베스는 잔혹하게 통치한다. 점점 더 무자비한 폭군으로 변한다. 맥베스는 원래는 좋은 사람이다. 악인이 아니었다. 맥베스는 "나는 인간에게 어울리는 모든 것을 감행할 수 있다. 그 이상을 감행하는 인간은 인간도 아니다"라고 말했다. 그런 그가 권력의 정점에 오르더니 점점 더 흉측한 사람으로 변한다.

맥베스는 게일어(스코틀랜드 켈트어)로 '생명의 아들'이다. 그는 장군으로서는 훌륭하지만, 군주 자리에는 어울리지 않는 사람이었다. 왕이라는 자리에 대해 맥베스는 "과실 없는 왕관"이라고 표현했다. 최고 권력자로서 과실을 낳고 과실을 즐기는 법을 몰랐던 것이다. 결과적으로 맥베스는 '죽음의 아들'이 됐다.

'성즉군왕 패즉역적成則君王 敗則逆賊'이다. 반란에 성공하면 군왕, 패하면 역적'이다. 하지만 왕이 된다고 해서 끝나는 게 아니다. 즉위는 끝이 아니라 새로운 시작이다. 왕이 된 다음에는 살해 위협에 시달려야 한다. 왕의 종류를 세 가지로 분류하면, 성군聖君과 범군凡君과 폭군(暴君)이 있다. 성군이나 범군을 죽이는 것은 국왕살해regicide다. 명분이 없다. 나쁜 왕을 죽이는 것은 폭군살해tyrannicide다. 명분이 있다.

맥베스가 죽인 덩컨Duncan왕은 현명한 성군이었다. 덩컨을 시해할 명분이 없었다. 명분 없이 왕이 된 자는, 왕이 된 다음에 명분을 확보해야 한다. 선정을 베푸는 게 명분 확보의 지름길이다. 하지만 성군을 죽이고 왕이 된 맥베스는 공포정치를 펼치는 폭군이 된다.

자신에게 어울리지 않는 왕이라는 감투를 쓴 맥베스는 얼마나 괴로웠을까. 그의 괴로움에 위로가 된 것은 마녀들의 예언이었다. 자포자기 상태에 이른 그는 더욱 '미신'에 집착했다. 마녀들은 그에게 이렇게 말했다. "여자가 낳은 자는 당신을 쓰러뜨릴 수 없다.""버넘 숲Birnam Wood이 던시네인Dunsinane 언덕으로 움직이지 않는 한 당신은 안전하다.""맥더프Macduff라는 귀족을 조심하라."

— 천명을 받지 못한 자가 통치자 되면
　 결과는 무질서다

여자 몸에서 태어나지 않은 사람은 없다. 또 숲이 움직이는 일은 없다. 맥베스는 안심했다. 그런데 맥더프가 영국으로 도망가 덩컨왕의 아들 맬컴Malcom 세력에 합류한다. 1만 명의 군사를 영국 왕에게 빌려 스코틀랜드로 쳐들어온다. 영국군은 나뭇가지로 위장하고 맥베스를 향해 진공했다. 멀리서 보면 숲이 움직이는 것처럼 보였다. 맥베스와 마주친 맥더프는 자신이 여인의 몸에서 자연스럽게 태어난 것이 아니라 제왕절개로 태어났다며 맥베스의 목을 벤다. 맬컴이 왕이 된다.

《햄릿》·《리어왕》·《오셀로》와 더불어 셰익스피어(1564~1616)의 4대 비극인 《맥베스》의 목표 중 하나는 왕권신수설王權神授說을 옹호하는 것이었다는 분석이 있다.

천명天命을 받아야 왕이 될 수 있다. 천명을 받지 않은 자가 왕이 되면 어떤 일이 벌어질까. 지진과 같은 천재지변이 빈번하고 기이한 일들이 발생한다. 《맥베스》에서도 천명과 무관한 마녀들의 꼬임에 따라 맥베스가 모반으로 왕이 되자 무질서가 질서의 자리를 차지한다. 덩컨왕의 말들이 서로 물어뜯는다. 올빼미가 매를 죽인다. 《맥베스》는 맥베스의 통치가 하늘의 뜻과는 무관하다는 것을 표현하고자, 덩컨왕이 암살당할 때를 포함해 극의 3분의 2를 어둠 속에서 전개한다. 날씨가 안 좋아 햇빛이 없거나 밤에 이야기를 풀어 간다.

《맥베스》 더욱 깊이 있게 이해하려면 니콜로 디 베르나르도 데이 마키아벨리(1469~1527)의 《군주론》(1532)을 함께 읽어야 한다. 《맥베스》와 밀접한 《군주론》의 내용으로는 다음과 같은 게 있다.

- "우리 인생을 결정하는 것은 첫째는 운명이며, 둘째는 이제껏 쌓은 능력이며, 셋째는 '역사가 부를 때 당신은 어디 있었는가'라는 질문에 대한 답이다."

어쩌면 적어도 한때 운명과 능력과 역사의식 모두가 맥베스를 편애했다. 다만 결정적인 순간에 맥베스는 잘못된 선택을 했다.

- "남을 강하게 만들어 주는 자는 끝내 자멸을 초래한다."

비운의 스코틀랜드 국왕 덩컨은 국난 극복의 영웅 맥베스를 지나치게 신뢰하고 그에게 코더 영주 자리를 주어 더욱 강하게 만들었다.

- "사랑과 공포는 공존할 가능성이 거의 없기 때문에, 만약 우리가 둘 중 하나를 선택해야 한다면 사랑받는 것보다는 두려움의 대상이 되는 게 훨씬 안전하다.", "사람은 자신이 두려워하거나 증오하는 자에게는 해를 끼친다.", "군주는 가혹하기보다는 인자하다는 세평을 듣는 게 바람직하다."

왕의 자리에 오른 맥베스는 두려움의 대상을 넘어 증오의 대상이 됐다. 일반 백성뿐만 아니라 귀족들이 맥베스를 증오한 결과 맥베스는 권력을 상실하게 된다.

- "모든 선택은 위험부담이 따르기 마련이다."

쉬운 말 같으면서도 코멘트하기 굉장히 어려운 말이다. 어떤 선택으로 결과가 좋을 수도, 나쁠 수도 있다. 최고 지도자의 어떤 선택으로 나라나 회사나 집안이 망할 수도 있다. 가장 적합한 선택의 기준이 뭘까. 이익보다는 양심이 아닐까 생각해 본다.

셰익스피어는 왕의 후원을 받았다. 그래서 셰익스피어는 일정 부분 보수적이었다. 그렇다면 셰익스피어는 자신의 이익을 위해 자신의 작가로서의 이익을 팔았을까. 그렇지는 않다고 본다.

《맥베스》에서 양심과 관련된 가장 중요한 대목은 레이디 맥베스가 한 이 말이다. "약간의 물로 우리의 이 행위를 씻을 수 있다." 하지만 손에 묻은 피를 씻어 낼 수는 있더라도 마음에 묻은 죄업은 씻을 수 없었다.

천명이나 섭리가 개인의 의지와 충돌하면
천명, 섭리가 항상 이기는가?
지극한 정성으로 하늘의 마음을 움직일 수도 있을까.
어쨌든 《맥베스》에 나오는 이 말에 눈길이 간다.
"어떻게든 일어날 일은 일어난다."

사랑은 결코
미안하다고 말하지 않는 것 ─────────

에릭 시걸 《러브스토리》

《러브스토리Love Story》(1970)는 사람들이 한동안 《로미오와 줄리엣》을 거들떠보지도 않게 만든 비극적 사랑 이야기다. 33개 언어로 번역돼 2000만 부 이상 팔렸다. 여주인공 이름인 제니퍼는 한때 미국에서 새로 태어난 여자 아이들에게 붙이는 이름으로 최고의 인기를 누렸다. 파산 위기로 흔들리던 패러마운트 영화사를 살린 것도 영화 '러브스토리'(1971)였다.

《러브스토리》에 두 번 나오는 "사랑은 결코 미안하다고 말하지 않아도 된다는 것을 의미한다"라는 말은 단숨에 경구가 되어 끊임없이 인용되기 시작했다. '심슨가족'의 한 에피소드에서 이 말을 들은 리사는 "아냐"라고 외친다. 수많은 패러디도 나왔다. 존 레넌은 "사랑은 15분마다 미안하다고 말하는 것이다"라고 했다.

정치의 세계에서 포퓰리즘은 엘리트의 지배에 도전하는 성향이 있다. 포퓰리즘은 정치의 세계에만 있는 게 아니다. 문학에도 있다. 에릭 시걸Erich Segal(1937~2010)의 《러브스토리》는 '포퓰리즘적 블록버스터'로 불린다. 문단 엘리트의 지배에 일격을 가했다.

— 혼란스러운 시대는
순수한 사랑 이야기를 원한다

시걸은 자신이 시대 정신을 포착하는 문체를 완성했다고 자부했다. 게다가 대중의 반응도 폭발적이었다. 하지만 문학계의 엘리트들은 대부분《러브스토리》를 철저히 무시했다. 상투적인 내용으로 가득 찬《러브스토리》가 성공한 이유는 비평가들에게 거대한 미스터리였다.《러브스토리》가 내셔널 북 어워드 National Book Award의 후보에 오르자 심사위원들은 상의 격을 떨어뜨린다며 반발했다. 결국 "이건 소설도 아니다"라는 그들의 의견이 관철됐다.

시대 상황으로 러브스토리의 성공을 설명할 수 있을까. 러브스토리가 나온 1970년 미국은 격동의 시기였다. 당시 세계 인구는 37억 명이었다. 80억 명 인구로 치닫고 있는 지금에 비하면 지구는 숨 쉴 만했다. 오늘날에도 있는 게 그때 처음 나온 것도 있다. 70년 점보제트 747기가 처음으로 하늘을 날기 시작했다. 핵확산금지조약NPT이 발효된 것도 같은 해다. 여자 주인공 제니퍼가 모차르트와 더불어 사랑한 비틀스가 해체된 것은 그해 4월이다. 처음으로 두 명의 여성 장성이 배출된 것도 그 해지만 미국은 남녀 평등을 요구하는 시위·집회로 뜨거웠다. 미국은 베트남으로부터 차츰 발을 빼고 있었다. 인종차별 문제도 해결의 끝이 보이지 않았다. 어쩌면 혼란스러운 시대 상황이 순수한 사랑 이야기를 요구했다. 세상이 복잡할수록 심플한 것이 먹힌다.

《러브스토리》의 성공은 우연에 우연이 겹친 결과인지도 모른다. 《러브스토리》는 영화 시나리오로 먼저 탄생했다. 시걸은 성공을 확신했다. 스토리의 막바지를 쓰다가 그는 45분 동안 하염없이 눈물을 흘렸다. 실컷 울고 난 그는 세수하고 이야기를 마무리했다. 보통 사람이 한 시간 반이면 읽을 수 있도록 분량을 짧게 조절했다.

《러브스토리》를 한마디로 요약하면 사랑은 눈물의 씨앗이라는 것이다. 사람은 누구나 울고 싶을 때가 있다. 《러브스토리》는 울고 싶을 때 뺨까지 때려주는 책이다.

그래서인지 영화사들은 《러브스토리》를 "너무 센티멘털하다"고 거절했다. 대본을 읽은 앨리 맥그로가 자신이 여주인공이 되겠다고 나섰다. 시걸은 하버드대에서 공부할 때 웰즐리칼리지에 재학 중이던 맥그로를 만나 친구가 됐다. 모계가 유대계, 부계가 스코틀랜드계였던 맥그로는 원본에서 유대계 미국인이었던 여주인공 제니를 이탈리아계 미국인으로 바꿔야 한다고 주장했다. 영화사는 대본을 단행본 소설로 만들어 달라고 요구했다.

드디어 러브스토리가 1970년 밸런타인데이에 맞춰 출간됐다. 저명 언론인인 바버라 월터스가 자신의 TV 프로를 시작하며 《러브스토리》를 소개했다. "밤새 《러브스토리》를 읽으며 흐느껴 울고 또 울었다"는 문화 권력자 월터스의 말에 사람들은 서점으로 달려갔다. 대박의 시작이었다.

에릭 시걸 자신이 셀링포인트였다. 그는 당시 32세로 예일대에서 고전·비교문학을 가르치는 부교수였다. 출판사 입장에서 시걸은 이상적인 작가였다. 그는 홍보 강연과 여행도 귀찮아하지 않고 즐겼다. 조니 카슨의 '투나잇쇼'에는 한 달에 네 번이나 출연했다.

기자들도 그를 좋아했다. 매체는 화젯거리를 사랑한다. 그는 말을 거침없이 했고 잘난 척도 좀 하는 편이라 그와 인터뷰하면 파문이 일었고 대중의 확실한 반응이 있었다. 일본에서 영화 '러브스토리'가 고전하자 시걸이 달려갔다. 그가 다녀간 다음에는 개봉관이 문전성시를 이뤘다.

── 사랑은 둘 중 하나가 울면
  같이 따라 우는 것이다

《러브스토리》의 모티브는 시걸이 엿들은 학생들끼리 하는 이야기에서 나왔다. 하버드대 대학원생인 남편을 뒷바라지한 유대계 여성이 사망했다는 이야기였다. 남자 주인공 올리버 배렛을 설정하는 데 영감을 준 것은 시걸이 하버드대에서 만난 토미 리 존스와 앨 고어였다.

명문대가 출신인 올리버는 래드클리프대 도서관에서 제니퍼 캐빌

레리를 만난다. 래드클리프는 1999년 하버드대와 통합된 여자 대학이다. 제니퍼의 아버지는 '제과 조리장'이다. 사랑을 서로 확인한 올리버와 제니퍼는 결혼을 결심한다. 제니퍼는 장학금으로 파리에서 공부할 기회도 포기한다. 근엄한 올리버의 아버지는 21세에 불과한 올리버와 제니퍼의 나이를 거론하며 결혼하려면 조금 더 기다려야 한다고 제동을 건다. 올리버는 아버지와 절연한다.

둘은 삼위일체를 부정하는 그리스도교 교파인 유니테리언 목사의 주례로 결혼식을 올린다. 제니퍼는 남편 뒷바라지를 위해 교사로 일한다. 올리버는 하버드대 로스쿨을 3등으로 졸업한다. 1등에서 10등까지 살펴보면 유대인이 아닌 졸업생은 올리버가 유일했다. 덕분에 올리버는 기록적인 연봉으로 뉴욕에 있는 로펌에 취업한다.

행복도 잠시. 둘은 아이가 생기지 않자 검사를 받는다. 제니퍼가 백혈병의 일종에 걸렸다는 게 알려진다. 올리버가 할 수 있는 일은 없다. 그는 신神에 대해서도 생각한다. 자신의 운명을 알게 된 제니퍼의 눈은 사랑에 대한 그의 주장과 달리 '미안하다'고 말하고 있었다. 이 대목을 《러브스토리》는 이렇게 그린다. "제발, 우리 둘 중 하나가 울면, 우리 둘 다 웁시다. 그러나 가급적이면 우리 둘 다 울지 맙시다." 사랑은 과연 미안하다고 하지 않는 것일까. 사랑은 "둘 중 하나가 울면, 같이 따라 우는 것"이기도 했다. 죽음을 앞둔 제니퍼는 올리버에게 꼭 껴안아달라고 한다. 제니퍼는 "고마워요, 올리"라는 말을 남기고 눈을 감는다.

시걸은 《러브스토리》로 부와 명예를 거머쥐었다. 에릭 시걸은 "부자가 된 것은 맞는데 실제 얼마나 벌어들이고 있는지는 모르겠다" 등의 '망언'으로 시기심을 유발하기도 했다. 학생들은 그의 강의실로 모여들었다. 그가 수업을 진행하는 예일대의 대형 강의실은 관광명소처럼 돼버렸다. 방문객들이 사진을 찍으러 왔다. 남은 문제는 학술이었다. 시걸은 학자로서 성공하기 위해 필요하다면 대중소설은 더 이상 쓰지 않는 것도 심각히 고려했다. 수업 때문에 엘리자베스 여왕의 초청에 응하지 못한 적도 있었다.

시걸은 상당한 학술적인 성과도 내놨다. 하버드대출판부에서 나온 《로마의 웃음Roman Laughter》(1968)은 기원전 2~3세기 로마의 희극 작가인 플라우투스에 대한 연구였다. 2001년 역시 하버드대출판부에서 나온 《희극의 죽음The Death of Comedy》은 아리스토파네스에서 사뮈엘 베케트(1906~1989)까지를 다뤘다. 시걸은 예일대뿐만 아니라 프린스턴, 다트머스, 브라운, 옥스퍼드대에서도 가르쳤다. 그러나 독일어·프랑스어·라틴어·그리스어에 능통한 시걸은 교수 사회에서 비아냥, 심지어 분노의 대상이었다. 1972년 시걸은 결국 예일대로부터 종신 재직권을 받는 데 실패한다.

— "뭔가를 포기하더라도
   무엇을 포기하는지는 알아야 한다"

시걸은 랍비의 아들로 뉴욕 브루클린에서 태어났다. 출생 후 6년
간 시걸은 할아버지·할머니 손에 컸다. 아버지가 사는 아파트의 규
정이 어린 아이를 기르는 것을 용납하지 않았기 때문이다. 그의 가문
은 리투아니아의 빌니우스에서 이민 온 유명한 랍비 집안이었다. 빌
니우스는 '리투아니아의 예루살렘'이라 불리는 유대교의 중심지였다.
시걸이 속한 교파는 유대교 중에서도 보수주의 유대교였다. '보수주
의'라는 수식어와는 달리 보수주의 유대교는 종교 관습의 현대화를
허용했으며 사회주의까지 포용하는 입장이었다.

아버지는 시걸이 랍비가 되기를 바랐으나 시걸의 생각은 달랐다.
랍비의 길을 가지 않는 대신, 시걸은 유대교 신학교에서 일주일에 두
번 저녁 수업을 들었다. 일종의 타협안이었다. 아버지는 "랍비의 길
은 포기하더라도 네가 무엇을 포기하는 것인지는 알아야 한다"고 시
걸을 다그쳤다. 올리버의 경우와 달리 시걸과 아버지의 사이는 좋은
편이었다. 시걸에게 라틴어를 배우라고 한 것도 아버지다. 시걸은 실
용적이면서도 쉬운 스페인어를 배우려고 했다. 아버지는 "라틴어를
공부하면 후회할 일은 없을 것이다"고 장담했다. 물론 시걸이 습득한
라틴어는 그가 고전학자가 되는 데 밑거름이 됐다. 시걸의 취미로는
달리기와 피아노가 있다. 그는 1955년부터 보스턴 마라톤 대회에 참

가했다.

　시걸은 사랑에서도 성공했다. 그는 "내가 사랑한 여인은 오직 한 명이며 나는 그와 결혼했다"고 술회한 적이 있다. 그의 아내가 된 영국 여성 캐런 제임스는 아동도서 편집자였다. 둘은 1974년 소개로 만나 결혼해 딸 둘을 뒀다. 아쉽게도 무병장수의 복은 시걸이 누릴 수 없었다. 그는 1980년대 중반 파킨슨병에 걸렸다. 투병하면서도 그는 연구와 집필을 포기하지 않는 불굴의 의지를 실천했다.

독일의 시인 에른스트 모리츠 아른트는 이렇게 말했다.

"눈물은 진정한 사랑의 전령이다."

유효기간 없이 사랑하려면
자신부터 사랑해야 한다 ─────────

에리히 프롬 《사랑의 기술》

사랑에 대한 관점은 다양하다. 사랑은 사람에 따라 '유행가 가사'일 수도 있고 과학일 수도 있다. '사랑=섹스'라고 믿는 사람도 있다. 그렇게 믿는 사람들을 위해서는 방중술房中術, 이성을 유혹하는 법, '뒤탈 없이 헤어지는 법'에 대한 책들이 시중에 나와 있다.

《사랑의 기술The Art of Loving》(1956년)에 따르면 사랑은 기술이다. 여기서 기술은 '과학기술'의 기술이 아니라 사물을 잘 다룰 수 있는 방법이나 능력을 말하는 기술이다. 기예技藝라는 말이 더 적합하다. 기예는 예술로 승화될 정도로 갈고 닦은 기술이나 재주를 말한다.

사랑이 예술의 경지에 이르면 사랑의 유효기간 문제가 해결될까. 연인들은 영원한 사랑을 다짐하지만 연구 결과에 따르면 사랑에도 유효기간이 있다. '사랑에 빠진' 사람들도 2~3년 정도 지나면 사랑으로부터 헤어 나온다. 사랑이 식어 애인에게 무덤덤해지는 것이다.

— 사랑은 빠지는 게 아니라
하는 것이다

유효기간 없는 사랑을 위해서는 무엇이 필요할까. 우선 사랑에 대해 알아야 한다. 사랑에 대해 알려면 무엇이 사랑이 아닌가에 대해 파악해야 한다. 《사랑의 기술》에 따르면 사랑은 '빠지는fall in' 게 아니다. 마치 단단한 땅에 발을 딛고 서는 것과 같은 게 사랑이다. 사랑은 어떤 대상을 만나 마치 사고처럼 당하는 게 아니다. 사랑은 수동적인 게 아니라 능동적인 것이다. 사랑은 능동적인 힘이다. 사랑은 받는 게 아니다. 사랑은 주는 것이다. 사랑받기 위해 섹스어필을 보강하거나 성공한 사람의 자질을 갖추려고 하는 것은 쓸모가 없다. 사랑은 또 다른 사랑을 낳는 힘이다. 성애性愛의 경우에 있어서도 사랑은 뜨거운 감정이라기보다는 의지를 구사하는 선택이고, 결단이자 약속이다.

사랑은 흔한 게 아니다. 물론 가짜 사랑이라면 많다. 그렇지만 현대 사회에서 사랑은 희귀하다. 사랑이 희귀한 이유 중 하나는 사람들이 사랑에 대해 배우지 않기 때문이다. 사랑은 학습할 수 있다. 그러면 무엇을 배워야 할까? 사랑의 이론, 그리고 실천을 배워야 한다.

《사랑의 기술》에 나오는 사랑 이론은 인간의 실존에서 출발한다. 봉건 사회에서 근대로 넘어온 이후 인간 실존의 핵심적인 본질은 소외다. 현대인은 자기 자신, 동료 인간, 자연으로부터 소외돼 있다. 그래서 인간 실존의 과제는 분리를 극복하고 일치를 이루는 것이다. 사랑을 통해 인간은 각자의 개성을 유지하는 가운데 일치를 이룰 수 있다.

사랑의 이론을 학습함으로써 무엇을 알 수 있을까. 사랑의 요소를 알 수 있다. 배려·책임·존중·지식이 사랑의 요소다. 사랑의 요소들은 서로 연결되어 있다. 예컨대 사랑하는 사람을 존중하기 위해서는 있는 그대로의 그에 대한 지식이 필요하다.

사랑의 이론은 사랑의 종류에 대해서도 알려준다. 사랑에는 형제애·모성애·자애自愛·성애性愛와 신神의 사랑이 있다. 모든 종류의 사랑은 위협받고 있다. "이웃을 네 몸과 같이 사랑하라"라는 말로 요약되는 형제애는 모든 사랑의 바탕이다. 형제애를 위협하는 것을 인간의 상품화다. 인간이 상품화되면 사랑은 일종의 거래나 교환으로 변질된다.

— 성애는 모든 인간에 대한 사랑을
   일깨울 수 있어야 한다

모성애는 도움이 필요한 사람을 사랑하는 것이다. 나르시시즘과 소유욕이 모성애를 위협한다. 자애自愛 없이 남을 사랑할 수 없다. 그런데 이기심이 자애를 방해한다. 이기적인 사람은 타인뿐만 아니라 자기 자신도 사랑할 수 없다. 성애에는 배타성·독점성이 있다. 그러나 성애는 한 사람을 통해 온 인류를 사랑할 수 있어야 생동적인 것이 될 수 있다. 성애는 모든 인간에 대한 사랑, 모든 인간의 평등을 일깨울 수 있어야 한다. 사랑의 이론은 필연적으로 사랑의 인류 차원, 사회적 차원을 주시하게 한다. 사랑은 "인간의 실존 문제에 대한 유일한, 건강하고도 만족스러운 해답"이다. 한편 신의 사랑을 위협하는 것은 신을 우상화하는 것이다.

사랑의 이론은 유치한 사랑과 성숙한 사랑의 차이점에 대해 알려준다. 유치한 사랑, 성숙하지 못한 사랑에 머물러 있으면 이렇게 말하게 된다. "나는 사랑받기 때문에 사랑한다." "나는 네가 필요하기 때문에 너를 사랑한다." 반면 성숙한 사랑에 도달하면 이렇게 말하게 된다. "나는 사랑하기 때문에 사랑받는다." "나는 너를 사랑하기 때문에 네가 필요하다." 사랑의 이론은 사랑과 섹스를 둘러싼 오해를 불식시킨다. 《사랑의 기술》에 따르면 "사랑은 성적인 만족의 결과가 아니다. 반대로 성적인 행복이 사랑의 결과다".

사랑을 실천하려면 어떻게 해야 할까. 다른 기술과 마찬가지로 사랑을 실천하기 위해서는 자제력·집중력·인내력이 필요하다. 사랑 고유의 실천 요소도 있다. 나르시시즘을 극복하는 데서 확보되는 객관성과 믿음이다.

— 자본주의 사회의 기저에 깔린 원칙과
  사랑의 원칙은 양립할 수 없다

《사랑의 기술》은 미국에서만 500만 부 이상 팔렸으며 34개 언어로 번역됐다. 저자는 독일 출신의 미국인인 에리히 프롬Erich Fromm(1900~1980)

이다. 프랑크푸르트학파에 속하는 프롬은 사회심리학자·정신분석학자·사회철학자다. 그는 특히 지그문트 프로이트(1856~1939)의 생물학적 결정론과 카를 마르크스(1818~1883)의 경제적인 결정론을 비판적 이해로 결합한 것으로 유명하다. 결합의 도구로 프롬이 사용한 것은 자유의 관념이었다.

프롬은 컬럼비아대학(1934~1941), 베닝턴대학(1941), 멕시코국립자치대학UNAM(1950~1965), 미시간주립대학(1957~1961), 뉴욕대학NYU(1962) 등의 대학에서 가르쳤으나 《자유로부터의 도피》(1941), 《건전한 사회》(1955), 《사랑의 기술》(1956), 《소유냐 존재냐?》(1976)를 통해 두터운 일반 독자층을 확보했다.

1960년대 미국 캠퍼스에서 프롬은 카운터컬처counterculture의 우상이었으며 《사랑의 기술》은 바이블 중 하나였다. 당시만 해도 사랑에 대해 본격적으로 다룬 책이 흔치 않았다. 《사랑의 기술》은 현대 '사랑학'의 원조였다.

프롬은 모계·부계 모두 독실한 유대교 가문에서 독자로 태어났다. 그는 한때 유대교 신학자가 되려고 했다. 그러나 사회과학과 정신분석학의 세례를 받은 프롬은 26세에 유대교 신앙을 버렸다. 대신 프롬은 민주사회주의자가 됐다. 그러나 프롬의 사상에는 강한 종교성이 발견된다. 그는 적어도 지식 차원에서 신에 접근했다. 그는 이렇게 말했다. "신神은 무엇이 아닌가에 대해 알면 알수록 나는 신에 대해 더 많은 지식을 갖게 된다." 프롬은 스스로를 '무신론적 신비주의자'라고 불렀다.

건전한 사회에서 프롬은 이렇게 말했다. "19세기의 문제는 신이 죽었다는 것이었다. 20세기의 문제는 인간이 죽었다는 것이다." 프롬은 '인간의 죽음' 문제를 해소하기 위해 사랑과 종교의 가치를 재조명하려고 했다. 이에 대해 사회철학자 헤르베르트 마르쿠제(1898~1979)는 프롬이 사랑과 종교의 가치를 강조함으로써 자본주의 사회의 지배적 이상주의 이념을 재생산하는 데 일조한다고 비판했다.

프롬에게 인류의 하부단위는 없었다. 오직 인류 그 자체만 존재했다. 그는 종교적·정치적 요인으로 인류를 분열시키는 데 반대했다. 그래서 그는 유대인이지만 시오니즘에 반대했다. 그는 다음과 같은 말로 유대인들이 팔레스타인 사람들의 땅을 빼앗는 것을 비판했다. "조상들이 2000년 전 살았던 땅에 대해 모든 나라들이 소유권을 주장한다면 이 세상은 큰 혼란에 빠지게 될 것이다."

민주사회주의자였던 프롬은 냉전이 미국과 소련의 상호 오해의 산물이라고 주장했지만 자본주의뿐만 아니라 소련 공산주의에도 반대했다. 프롬은 1950년대 중반 미국 사회당 당원으로 활동하며 민권·반핵·반전·환경 운동에 참가했는데 그가 추구한 이상은 휴머니즘적이며 공동체주의적인 사회주의였다.

에리히 프롬은 자본주의 사회가 인간의 건전한 삶을 해친다고 봤다. 그는 "건강한 경제는 건강하지 못한 인간이라는 대가를 치러야만 가능하다"고 주장했다. 인간이 치르는 대가 중 하나는 사랑의 왜곡이었다. 프롬은 "자본주의 사회의 기저에 깔린 원칙과 사랑의 원칙은 양립할 수 없다"고 단언했다.

시장 경제가 사랑을 왜곡하는 측면은 물론 있다. 그러나 건강한 사랑은 어쩌면 인류의 기원부터 시작된 숙제다. 자본주의 이전에도 다수의 인류가 건강한 사랑, 유효 기간 없는 사랑을 누렸다고 하기 힘들다. 그러나 탈근대 시대를 살아가는 현대인들에게는 건강한 사랑을 위한 《사랑의 기술》이라는 매뉴얼이 있다.

)

사랑으로 현대인에게 불안과 절망을 안겨주는
소외와 분리를 극복할 수 있다.

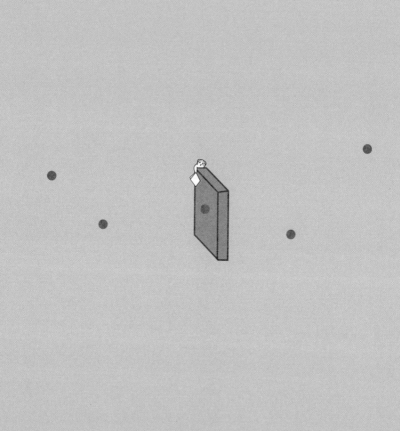

우리는
어떻게 성공해야 할까

부자 되는 법을 알면
실패란 없다 ————————————————

월러스 워틀스 《부자 되기의 과학》

철혈 재상鐵血宰相이라 불리는 독일 정치가 비스마르크(1815~1898)는 이렇게 말했다. "정치는 가능한 것의 기예技藝, 도달 가능한 것의 기예, 차선次善의 기예다."

'정치 천재'를 넘어 '정치 괴물'이라 할 수 있는 비스마르크에게 정치는 과학이라기보다 기예였다. 정치학이 과연 과학이 될 수 있는지에 대해 아직도 의문을 제기할 수 있다.

— 남에게 어떤 가치를 제공하면
   부자가 될 수 있다

17세기 과학혁명 이래 뭐든지 과학을 붙이지 않으면 좀 섭섭하고 아쉬운 분위기가 형성됐다. 연애의 과학, 사랑의 과학, 인생의 과학 등 과학을 붙이면 더 그럴듯해 보인다. 21세기 또한 과학의 세기다. 아마 22세기도 그러할 것이다. 과학에는 힘이 있다.

월러스 워틀스(1860~1911)가 지은 《부자 되기의 과학The Science of Getting Rich》(1910)도 과학을 표방한다. '부자학'은 수학이나 물리학처럼 정밀

과학이라는 것. 이 책은 다음과 같은 우리말 제목으로 한글판이 나왔다.

《당신도 부자가 될 권리가 있다》(박인균 옮김), 《부를 손에 넣는 단 하나의 법칙》(조경 옮김), 《부를 얻는 기술: 부자가 되는 단 한가지 방법》(정성호 옮김), 《부의 비밀》(김우열 옮김), 《부자경: 부를 얻는 마법의 시크릿》(정성호 옮김), 《부자들의 시크릿》(김병민 옮김), 《부자 마인드 수업》(정현섭 옮김), 《부자학 실천서: 창조적인 생각을 통해 부자가 되는 방법》(강준린 옮김), 《부자학》(박인균 옮김), 《비밀의 서》개정판(김지완 옮김), 《습관이 돈을 번다: 99%가 알고 있지만 1%만 하는 것》(류재춘 옮김).

이렇게 많은 한글판이 나온 이유는 두 가지다. 첫째, 저작권이 만료돼 누구나 자유롭게 로열티를 지불하지 않고 번역할 수 있다. 둘째, 이 책은 자기계발서 재테크 분야에서 고전 중의 고전이다.

모든 진정한 고전의 내용은 끊임없이 재활용된다. 이 책도 마찬가지. 론다 번의 《시크릿》(2007)도 이 책의 21세기 변형이라고 볼 수 있다. 1910년에 나온 《부자 되기의 과학》은 절판된 적이 없는 책인데, "나는 이 책에서 가장 큰 영향을 받았다", "책 위로 눈물을 뚝뚝 흘리며 이 책을 읽었다"는 론다 번의 말 한마디로 새삼 세상의 주목을 받았다. 스테디셀러 《부자 되기의 과학》은 론다 번의 말 한마디 덕분에 2007년 새로운 판본이 출간돼 단숨에 초판 7만5000부가 팔리는 베스트셀러가 됐다.

론다 번과 마찬가지로 미국 자기계발서 작가 앤디 앤드루스도 《부자 되기의 과학》을 쓴 월러스 워틀스의 후예後裔다. 앤드루스는 40개 언어로 번역된 책 23권을 썼다. 500만 부 정도가 팔렸다. 그중 《폰더 씨의 위대한 하루》(2002), 《오렌지 비치》(2009), 《1100만 명을 어떻게 죽일까》(2012)는 뉴욕타임스 베스트셀러다. 기자는 앤드루스와 다음과 같은 Q&A를 했다.

• 무엇이 성공과 실패를 결정하는가?

"나는 진정으로 성공적인 사람들이 다른 사람들을 도울 길을 발견한다고 믿는다. 사람들을 돕는 책을 쓰면 사람들이 그 책을 살 것이다. 사람들을 돕는 유튜브 비디오를 만들면 사람들이 그 비디오를 볼 것이다. '청소하는 시간을 반으로 줄이는 빗자루'를 발명한다면 사람들이 그 빗자루를 살 것이다."

• 자기계발서 수십 권을 읽어도 별로 달라지는 게 없다면 이유가 뭔가?

"책 내용이 틀린 경우가 있다. 진리가 아닌 것을 진심으로 믿는 것은 소용없다."

• 진리는 어떻게 알아보나?

"진리에 대해 들으면 사람들은 즉각 그것이 진리라는 것을 알아본다. 진리는 최고다. 최고는 단 하나만 있다."

이 Q&A는 앤드루스가 워틀스의 전통을 이어가고 있다는 것을 알려준다. 워틀스는 남들에게 어떤 가치를 제공하면, 즉 남을 도우면 부자가 될 수 있다고 주장했다. 남에게 더 많이 줄수록 내가 더 큰 부자가 될 수 있다는 것. 워틀스는 자신의 책이 최고의, 유일한 진리라는 확신을 갖고 있었다. 자신의 말을 그대로 실천하면 "실패는 불가능하다"는 것.

워틀스는 《부자 되기의 과학》을 여러 번 읽어 완전히 자기 것으로 소화하면 누구나 부자가 될 수 있다고 주장했다. 그 숫자는 몇 명일까. 수천일까, 수백만일까. 일단 론다 번이나 앤드루스 같은 작가들이 《부자 되기의 과학》을 읽고 실천해 부자가 된 것은 확실하다.

《부자 되기의 과학》은 1장부터 17장까지 다음 순서로 전개된다. 부자가 되는 것은 권리, 부자가 되는 과학적 방법, 기회는 소수가 독점하고 있는가?, 부자가 되는 과학적 방법의 첫 원칙, 삶의 증폭, 부는 어떻게 다가오는가, 감사하라, 특정방식으로 생각하라, 의지력 사용법, 의지력 사용의 확장, 특정방식으로 일하라, 효율적으로 일하라, 진실로 원하는 일을 하라, 발전하는 느낌, 발전하는 인간, 주의사항과 결론, 부자가 되는 과학적 방법의 요약.

— 부자 되기는
　　양도할 수 없는 권리다

과학을 표방하는 《부자 되기의 과학》 제1장은 '부자가 되는 것은 권리'다. '부자가 되는 과학적 방법'은 2장으로 밀렸다. 책의 구성상 과학이 권리에 밀린 이유는 뭘까.

흔히들 종교개혁이 낳은 사회문화적 여파로 청빈淸貧이 청부淸富에 자리를 내줬다고 주장한다. 독일 사회학자·경제학자 막스 베버(1864~1920)의 저서 《프로테스탄티즘의 윤리와 자본주의의 정신》도 청부와 자본주의의 관계를 논증하는 시도라고 볼 수 있다는 것이다.

실제 상황은 좀 달랐다. '개신교 국가'라고는 할 수 없어도 개신교의 영향을 강하게 받은 미국만 해도 20세기 초반까지 재물의 추구를 좀 껄끄럽게 생각하는 경향이 있었다. 그러한 사회적·문화적 분위기에 대항해 《부자 되기의 과학》은 부자가 되는 것이 자유권·평등권·행복추구권·참정권과 마찬가지로 인간의 '불가양不可讓의 권리'라고 역설한다.

21세기 한국에서도 '재물 축복'을 신神에게 청하는 신앙이 '샤머니즘의 영향을 받은 기복신앙'으로 평가되는 경우가 많다. '부자가 되게 해주세요'라는 기도보다는, 세계 평화나 남북 통일을 기원하는 기도가 더 훌륭한 기도라는 인식이 있다. (그 어떤 기도이든, 모든 기도가 중요한 것은 아닐까.)

《부자 되기의 과학》은 '쉬운 말로 심오한 진리를 담았다'(영어 단어가 우리나라 고등학교 영어 교과서 수준이다)고 할 수 있다. 하지만 '자기 축재 계발서의 원조지만, 오늘날 기준으로 보면 진부할 수도 있다'는 느낌도 준다.

그래서 이 책을 '부자가 되는 과학적 방법'이라는 제목으로 옮긴 지 갑수 번역가에게 이렇게 물었다. "고전이지만, 자기계발서 마니아가 보기에는 참신한 내용이 별로 없는 게 아닐까?"라고 물었더니 그는 이런 답장을 보내왔다.

"화이트헤드에 따르면 서양 철학의 전통이란 후대 철학자들이 플라톤의 수많은 측면 중 어느 한 측면을 발굴해 발달시켜온 역사에 불과하다. 자기계발서의 고전인 이 책은 어떤 의미에서는 이후의 자기계발서들에 대해 플라톤적인 위치에 있다. 수천 년 전의 플라톤에게도 아직 포착되지 않은 참신한 콘텐트가 남아 있고 포착된 측면은 덜 참신하겠지만, 포착되지 않은 측면은 여전히 참신하다. 역사가 100년에 불과한 이 책이야 두말할 나위도 없다.

부자가 되는 과학적 방식대로 계속 행동하는 것이 노력의 일인가 본능의 일인가라는 문제 제기는 여전히 그 어떤 현대 자기계발서에서도 찾아볼 수 없을 만큼 참신하다. 이를 발굴해 찾아낼 수 있는 독자에게는 말이다."

과학보다는 형이상학에 가까운 것으로 보이기도 하는 《부자 되기의 과학》에서 눈에 띄는 내용을 정리하면 다음과 같다.

- 부자는 나쁜 게 아니다. 저자는 이렇게 말한다. "부자가 되지 않고 진정으로 완전하고 성공적인 삶을 사는 것은 가능하지 않다."

- 부정적인 것보다는 긍정적인 것을 생각하자. 가난한 사람들이 왜 가난한
  지를 생각하지 말고 어떻게 하면 그들을 부자로 만들 것인지를 생각하자.
  또 내가 겪은 가난이 아니라 내가 앞으로 누릴 풍요를 생각하자. 저자에
  따르면, 이 책과 부합되는 책을 쓴 사상가에는 데카르트·스피노자·라이
  프니츠·쇼펜하우어·헤겔·에머슨이 있다. 그중 헤겔과 에머슨이 중요하다.
- 경쟁이 아니라 창조로 부자가 되는 게 앞으로의 대세다. 치열한 경쟁으로
  부자가 되는 사람이 있다. 또 치열한 경쟁 속에서 온갖 나쁜 짓이나 반칙
  으로 부자가 되는 사람들도 물론 있다. 그런 부자도 있다는 것을 이 책은
  인정한다. 하지만 《부자 되기의 과학》은 앞으로는 경쟁보다는 창조가 더
  많은 재물, 부자를 창출할 것이라고 주장한다. 진화를 중시하는 이 책은
  경쟁을 통한 부의 창출은 이미 시대적 소명을 다했기에 소멸될 것이라고
  내다본다.
- 부자가 되기 위해서는 사색·명상이 필요하다.

우리는 '부자가 되어 돈 걱정, 노후 걱정 없이 살고 싶다', '통장에
마음대로 쓸 수 있는 돈 100만원만 있어도 참 좋겠다'는 생각도 한
다. 그런데 많은 경우는 이런 생각도 그때뿐이다. 할 일이 너무 많아
정신이 없기 때문이다. 저자는 우리가 구체적으로 어떤 부자가 될 것
인지 진지하고 체계적으로 생각할 것을 요구한다.

- 이 책에 나오는 내용을 믿지 않고 실천하지 않으면 아무 소용 없다. 저자

는 "책에서 말하는 대로 실천에 옮긴 사람은 누구나 틀림없이 부자가 될 것이다"고 주장한다.

- 인생에서 성공이란 여러분이 바라는 존재가 되는 것이다. 즉, 청부가 아니라 청빈이 여러분의 목표라면 여러분은 청빈하게 돼야 성공한 것이다.

이 책은 그리스도교 교단, 신학자나 성직자마다 다양한 입장을 취할 책이다. 어떻게 보면 크리스천이 읽으면 좋은 책이다. 성경을 많이 인용한다. '크리스천이라면 어떻게 부를 추구해야 하는가'에 답하는 책 같다. 그러나 달리보면 비非그리스도교·반反그리스도교적인 책이다.

종교, 특히 그리스도교에 관심 없는 사람을 신앙으로 이끄는 책인가 하면, 반대로 '이단'으로 오해받는 책이기도 하다. 저자는 '이단'이라는 이유로 감리교에서 쫓겨났다.

《부자 되기의 과학》은 과학을 표방하지만, 강한 종교성·영성이 발견되는 책이기도 하다. 힌두교·불교 등 동양 종교의 영향을 많이 받은 책이다. 저자는 이 책 서문에서 일원론一元論 관점에서 "하나는 전체고, 그 전체는 하나다"라고 했다. 또, 그리스도교 성경을 계속 인용한다. 저자가 성경을 제대로 인용하고 있는지 아니면 왜곡해 인용하고 있는지 판단하는 것은 독자의 몫이다.

월러스 워틀스에 대해 알려진 것은 많지 않다. 그는 정규 교육을 오래 받지 못했고, 항상 뭔가를 썼다. 그는 낙선했지만 선거에도 몇

차례 출마했다. 그는 '그리스도교 사회주의'를 표방했다. 사회주의자인 월러스 위틀스의 《부자 되기의 과학》이 자본주의 자기계발서의 바이블처럼 된 것은 참 묘한 일이다.

부자 되기는 종합 기예이자 종합 과학,
삶에 대한 태도이자 삶 속의 실천이다.

부자가 못 되는 이유는
그러려고 하지 않았기 때문이다 ——————

조지 새뮤얼 클래선 《바빌론 최고의 부자》

소설가 박완서(1931~2011)의 《미망》(1995)에서 거상 전처만은 이렇게 말했다. "소부小富는 스스로의 노력으로 이룰 수 있지만 대부大富는 하늘이 낸다." 그의 말이 맞는다면, 우리 모두 노력하면 큰 부자는 못되어도 작은 부자는 될 수 있다.

우리는 왜 작은 부자가 되지 못하고 항상 쪼들리는 걸까? 돈 모으는 법을 모르기 때문이다. 축재의 길은 "티끌 모아 태산", "천 리 길도 한 걸음부터"와 같은 단순한 진리에 담겼다.

축재蓄財 분야 고전인 《바빌론 최고의 부자The Richest Man in Babylon》(1926, 이하《바빌론》)에서 말하는 핵심 또한 '억만금도 동전에서 시작한다'는 것이다. 한글판 제목은 '바빌론 부자들의 돈 버는 지혜'다.

돈 벌기 고전 목록에 빠지지 않고 등장하는 이 책의 저자는, 지도 제작 출판사를 경영했던 조지 새뮤얼 클래선George Samuel Clason(1874~1957)이다. 《바빌론》은 은행이나 보험회사들이 고객들에게 나눠주던 팸플릿 분량의 우화를 묶은 책이다. 영문판은 144페이지에 불과하다. 26개 언어로 번역돼 200만 부 이상 팔렸다. '경제·금융 문해력' 확보를 위한 왕초보 입문서라고 할 수 있다. 출간 후 93년이 지난 지금도 아마존 비즈니스 윤리 분야 베스트셀러다.

《바빌론》의 스토리텔링 스타일은 《아라비안나이트》나 파울루 코엘류의 《연금술사》를 연상시킨다. 무대는 바빌론이다. 바빌론은 기원전 2300년경부터 알렉산드로스 대왕(BC 356~BC 323)의 시대까지 세계에서 가장 부유한 도시였다. 오늘날 월스트리트에서도 사용되는 금융기법의 탄생지였다. 화폐는 물론이고 약속어음까지 사용됐다.

이야기의 출발점은 이렇다. 마차를 만드는 장인 반시르Bansir과 리라 연주가 코비Kobbi가 '우리는 왜 항상 쪼들릴까' 하는 문제를 두고 신세한탄을 했다. 그들은 일의 노예였고 일은 즐거움이 아니라 생존을 위한 수단이었다. 한데 어렸을 때 같은 학교에 다녔고 함께 놀며 자란 아르카드Arkad는 바빌론 최고의 부자가 됐다. 아르카드는 자선사업에도 열심이었다. 돈을 아무리 써도 줄지 않았다. 더 큰 돈이 계속 들어왔기 때문이다.

코비가 한 수 배우러 아르카드를 찾아갔더니 그의 비결은 간단했다. 축재의 법칙을 배우지 못했거나 알아도 실천하지 않기 때문이란다. 사람마다 버는 돈의 액수가 다르고 부양가족이 다르지만, 대다수 사람의 주머니는 얄팍하다. 왜일까.

《바빌론》에 따르면 이런 논리가 성립한다. "우리의 행동이 우리의 생각보다 더 현명할 수는 없다. 우리의 생각이 우리의 이해보다 더 현명할 수는 없다." 생각의 원천은 배움이다. 배움에는 두 가지가 있다. 한 가지는 우리가 배워서 알고 있다. 다른 한 가지는 우리가 모르는 것을 알게 해주는 방법이다.

— 먼저 당신에게
지불하라

방법은 반드시 의지와 결합해야 한다. 《바빌론》은 이렇게 주장한다. "우리가 돈을 벌기는 벌지만 꽤 많은 돈은 벌어보지 못한 이유는 그러려고 하지 않았기 때문이다." 바빌론 최고의 부자 아르카드에게는 그런 의지가 있었다. 그에겐 돈이 행복의 조건은 아니지만 삶의 질을 높이는 것은 확실하다는 믿음도 있었다. 그는 이렇게 말한다. "재물이 힘이다. 재물이 있으면 많은 것이 가능하다." 본래 직업이 필경사筆耕士였던 아르카드도 원래는 근근이 먹고 살았다. 돈 버는 비법은 대부업자에게 배웠다.

대부업자가 가르쳐준 축재의 법칙 또한 어려운 이야기는 아니었다. "내 말이 간단하다는 이유로 비웃지 말라. 진리는 항상 간단한 법이다"라며 아르카드는 친구들에게 제일 중요한 원칙을 가르쳐줬다. "당신이 번 돈 전체에서 일부는 당신 차지다."

우리는 돈을 벌자마자 의식주나 학비 등의 용도로 누군가 남에게 먼저 지불한다. 아르카드가 실천한 것은 '먼저 당신에게 지불하라'는 원칙이었다. 아무리 버는 돈이 적다 하더라도 적어도 번 돈의 최소한 10%는 쓰지 말고 모아야 한다는 뜻이었다. 아무리 적은 돈이라도 상관없다. 모으는 게 중요하다. 시작하는 게 중요하다. '버는 돈의 80~90%만으로 살 수 있는 사람은 누구나 부자가 될 수 있다', '나날

이 지갑이 두툼해진다'고 《바빌론》은 약속한다. '10% 저축'은 매직을 낳는다.

엄청난 액수의 복권에 당첨된 행운아들이 이내 빈털터리가 됐다는 뉴스가 심심찮게 보도된다. 지출이 수입을 넘지 않아야 하고, 수입의 일부를 항상 저축해야 한다는 돈의 원리를 지키지 않았기 때문이다.

《바빌론》은 '수전노가 돼서는 안 된다', '무리는 하지 말라'고 경고한다. 그런데 티끌이 주먹만 하게 뭉쳐졌을 때 위기가 온다. 또 250만원 벌다가 500만원 벌게 되면 그만큼 씀씀이가 더 커질 위험성이 있다. 10% 룰이 흔들릴 수 있다.

— 약간 조심하는 것이
크게 후회하는 것보다 낫다

문제의 핵심은 인간의 욕구다. 《바빌론》은 이렇게 말한다. "욕구는 간단하고 분명해야 한다. 욕구가 너무 많거나 너무 혼란스럽거나 자신이 받은 훈련을 넘어서는 것이라 성취가 곤란하면 욕구 스스로 목표를 패배시킨다. 그래서 욕구를 제어하기 위해서는 예산을 설정하는 게 필요하다.

《바빌론》이 말하는 투자의 원칙은? "약간 조심하는 게 크게 후회하는 것보다 낫다'는 것이다. 친구가 돈을 꿔달라고 하면? 《바빌론》의 권고는 '친구를 도우려고 한다면, 친구의 짐이 네 짐이 되지 않는 방식으로 도우라'는 것이다.

운 좋은 사람과 재수가 없는 사람의 차이는 뭘까. 《바빌론》은 행운의 정체에 대해 이렇게 말한다. "행운을 꾀어내려면 기회를 잡아야 한다. 행운의 여신은 행동하는 사람을 편애한다." 그렇다면 기회란 무엇인가. 《바빌론》은 이렇게 기회를 설명한다. "기회는, 준비가 되지 않은 자를 잠시도 기다려주지 않는 거만한 여신女神이다."

사람들이 기회를 잡지 못하고 준비가 소홀한 이유는 미루는 버릇 때문이다. 《바빌론》은 "미루려는 태도는 모든 사람에게 내재해 있다"고 주장한다. 영국 극작가·시인 에드워드 영(1683~1765)은 "미루기는 시간 도둑이다"라고 말했다. 《바빌론》에 따르면 미루기는 '돈 도둑'이다.

《바빌론》의 배경은 미국 역사에서 '광란의 20년대Roaring Twenties'라 불리던 시대였다. 1929년 시작된 대공황을 앞두고 있었지만, 산업화가 소비문화를 부추겼다. 돈은 벌기도 쉽고 또 쓸 곳도 많은, 자동차·전화·영화 등의 시대였다.

— 재물은
마법처럼 자란다

《바빌론》못지않은 축재 고전은 피니어스 테일러 바넘^{P. T. Barnum}(1810~91)이 쓴 《돈 버는 법^{The Art of Money Getting}》(1880)이다. 돈 모으기의 핵심은 버는 것보다 덜 쓰는 것이라는 메시지는 같다. 어쩌면 돈 버는 책 써서 부자 된 사람은 있어도 돈 버는 책 읽고 부자 된 사람은 없다는 말이 맞다. 《바빌론》을 굳이 사서 읽어보지는 않더라도 10% 룰은 한 번 시도해 볼 만하지 않을까.

월급이 1000만원인 사람도 다 써버리면 1년 후 통장 잔고는 0원이다. 월급이 100만원인 사람도 10만원씩 모으면 연말에 120만원이 들어있다. 하지만 120만원 가지고는 아무것도 할 수 없을 것 같다. 하지만 돈의 신은 120만원을 모은 사람을 사랑한다. 그를 위해 마법 같은 기회를 줄 수도 있다. 《바빌론》은 이렇게 말한다. "재물은 마법처럼 자란다. 그 누구도 재물의 한계를 예언할 수 없다."

《바빌론》의 저자 조지 새뮤얼 클래선은 미국 미주리주 루이지애나에서 태어났다. 네브래스카대를 다녔으며, 미국-스페인 전쟁(1898~99)에 참전했다. 콜로라도주 덴버에 '클래선 지도 회사'와 '클래선 출판사'를 차려 최초로 미국·캐나다 도로 지도책을 출간했다. 두 번 결혼했다.

《바빌론》에 이런 말들이 나온다.

- "배가 고플수록 우리의 마음은 더욱 명료하게 작동한다. 또한 우리는 음

식의 냄새에 보다 민감하게 된다."

- "미국이라는 국가의 번영은 미국인 개개인의 금전적 번영에 달려있다."

- "결심이 있는 곳에 길이 발견된다."

- "재물은 나무와 마찬가지로 작은 씨가 자란 것이다."

- "기회는 그 누구도 기다려주지 않는다. 기회는 오늘 여기에 있다가 금방

  사라진다. 그러므로 미루지 말라."

- "그 어느 곳이든 인간이 에너지를 쏟는 곳에서 재물이 자란다."

- "적절한 준비가 우리 성공의 열쇠다."

- "꼭 필요한 지출과 당신의 욕망에 따른 지출을 혼동하지 말라."

- "지혜를 더 많이 알수록 더 많이 벌 수 있다."

- "돈은 세속적인 성공을 측정하는 수단이다."

- "집을 소유하라."

미루는 버릇은 돈 도둑이다.

꺼렸던 행동을 기꺼이 할 때
성공이 시작된다 ──────────

호아킴 데 포사다 《마시멜로 이야기》

영문판 부제가 '일과 삶에서 달콤한 성공을 거두는 비밀The Secret to Sweet Success in Work and Life'인 《마시멜로 이야기》의 저자는 호아킴 데 포사다Joachim de Posada(1947~2015)다. 그는 학벌이 아니라 오로지 실력과 영감을 주는 메시지, 실제 성과로 승부했다. 그는 푸에르토리코대에서 행정학 학사를 받았다. 심리학 박사도 받았다.

1988년부터 마이애미대 겸임교수로서 리더십, 협상술, 시간 관리를 가르쳤다. 신문에 칼럼을 기고했으며 30여 개국에서 리더십·판매·경영에 관해 강연했다. 그의 저서는 20개국 언어로 번역돼 400만 부 이상 팔렸다. 국내에도 수백만 독자가 있는 것으로 추정된다.

포사다는 미국에서도 잘나가는 작가, '동기 유발 전문 강연자'였다. 숨 막히는 강연 일정 때문에 한 달 중 25일은 식구들과 함께할 수 없었다. 하지만 포사다는 딸 캐럴라인에게 출장지에서 전화하고 엽서를 보낸 자상한 아빠였다.

뉴욕타임스는 2005년 9월 《마시멜로 이야기》를 '이번 달 최고의 책'으로 선정했다. 포사다는 강연 다닐 때 기회가 있을 때마다 청중들에게 미국인들보다 한국인들이 '지연된 만족 충족delayed gratification'의 개념을 더 잘 이해한다며 미국 대통령들이 이 개념을 알아야 미국 경제를 살릴 수 있다고 역설했다.

— 우리는 자신의 행동은
통제할 수 있다

《마시멜로 이야기》의 모티브가 된 것은 1960년대 말에서 70년대 초에 스탠퍼드대 심리학과 월터 미셸 교수가 실시한 '마시멜로 실험'이다. 포사다가 '마시멜로 실험'을 알게 된 것은 비행기 안에서 읽은, 대니얼 골먼의 저서 《감성지능EQ》(1995)에서였다. 이 책에서 달랑 한 페이지 분량에 불과했지만, 포사다는 깊은 감명을 받았다. 물론 노력이나 지능도 중요하지만, 인생의 성패를 가르는 것은 참는 것이라는 확신을 갖게 된 그는 이후 '마시멜로 이야기' 전도사가 됐다. 좋은 직장에서 높은 연봉을 받더라도 '지연된 만족 충족'이 습관화되지 않으면 빚에 쪼들리게 될 수도 있으며 성공할 수 없다는 게 '마시멜로 이야기'의 메시지다.

'마시멜로 실험'의 대상은 스탠퍼드대에 있는 빙Bing이라는 유아원에 다니는 4~6세 원생 653명이었다. 원생 대부분은 스탠퍼드대 교수와 대학원 석·박사과정 학생들의 자녀였다. '서프라이즈 룸Surprise Room'이라고 이름 붙인 실험실에서 진행한 실험 순서는 다음과 같았다. 우선 꼬마들 앞에 마시멜로(혹은 쿠키 등 과자)를 놓는다. 실험 진행자가 이렇게 말하고 사라진다. "내가 지금 어딜 가야 돼요. 15분 후에 돌아올게요. 돌아올 때까지 마시멜로를 안 먹으면 한 개 더 줄게요." 마시멜로는 과자지만, 야생 마시멜로Althae aofficinalis는 고대 이집트 시대부터 인후염 치료제로도 사용됐다.

성인에 비해 주의집중 시간이 짧은 어린이들에게 15분은 엄청나게 긴 시간이다. 3분의 2는 유혹을 견뎌내지 못하고 냉큼 먹었다. 나머지 3분의 1은 벽에 그림을 그리거나, 마시멜로를 안 보려고 눈을 감거나, 책상을 발로 차거나, 노래를 부르거나 고개를 돌리며 눈물겹게 15분을 버텼다. 심지어는 잠을 청한 어린이도 있었다. 10여 년 후에 아이들을 추적해 어떻게 됐나 알아봤다. 마시멜로의 유혹을 견뎌낸 아이들이 학업 성취도, SAT(미국 수능) 점수, 대학진학률, 인간관계, 체질량지수BMI 등 여러 면에서 유혹에 넘어간 아이들보다 앞서가고 있었다. 술이나 약물에 중독으로부터도 더 자유로웠으며 더 좋은 일자리를 차지하고 있었다.

'지연된 만족 충족', '자기통제', '극기克己' 등 여러 가지로 표현할 수 있겠지만, 성공의 비결·비법은 '참음'에 있다는 게 《마시멜로 이야기》의 핵심 스토리다.

《마시멜로 이야기》의 주인공은 아서Arthur라는 이름의 리무진 운전기사다. 아서는 뉴욕타임스에 실린 십자말풀이를 30분 만에 다 채울 수 있다. 중남미 경제를 분석해 30분 동안 해설할 수 있다. 계산기보다 빨리 암산을 할 수 있다. 하지만 그와 능력이 비슷하지만 그가 모셔야 하는 조녀선 페이션트 회장은 갑부다. 페이션트 회장은 아서에게 '마시멜로 실험' 이야기를 들려준다. 아서는 그의 말을 듣고 확실히 성공은 단지 재능이나 능력에 달린 게 아니다라는 것을 알게 된다. 아서는 새로운 인생 목표를 향해 달려가기 시작한다. 낭비벽을 버리고 대학 진학에 필요한 돈을 모았다.

히스패닉계 미국인인 저자는 마시멜로 이론을 개인 차원이 아니라 국가의 경제발전에도 적용한다. 저자는 중남미 국가들이 한국, 일본, 싱가포르, 말레이시아 등 아시아 국가들에 비해 발전이 더딘 이유는 국가적 차원의 '마시멜로 유혹 이겨내기'에 실패했기 때문이라고 주장한다.

개인 차원에서 성공의 한 요소인 돈을 모으려면 과소비 성향을 억제해야 한다. 명품백, 엣지 있는 스마트폰 같은 '마시멜로'의 유혹, '지름신'의 유혹을 참아내지 못하면 카드 돌려막기에서 벗어나기 힘들다. 그렇다면 의지 박약자는 어떻게 해야 할까. "어머니건 아내건 의지가 더 강한 사람에게 돈을 맡겨라"는 게 저자인 호아킴 데 포사다의 권고다.

저자는 성공에 관해 이렇게 말한다. "성공은 여러분의 과거나 현재에 달린 게 아니다. 꺼렸던 행동을 기꺼이 하기 시작할 때 성공이 시작된다."

성공의 핵심 중 하나인 통제력에 대해서는 이런 진단을 내놨다. "우리는 다른 사람들을 통제할 수 없다. 대부분의 사건도 통제할 수 없다. 하지만 우리는 자신의 행동은 통제할 수 있다." 그는 또 이렇게 말한다. "우리의 행동은 다른 사람들의 행동에 엄청난 영향을 미칠 수 있다."

― 타인에 대한 영향력 중
설득력이 가장 강하다

스스로를 통제해 타인의 모범이 되면, 힘 중에도 가장 강한 힘인 설득력을 확보하게 된다는 게 저자의 주장이다. 그는 이렇게 말한다. "다른 사람이 어떤 일을 하게 하려면 여섯 가지 방법밖에 없다. 법, 돈, 물리적 강제력, 감정적인 압력, 신체적 아름다움, 설득력이다. 그 중에서 설득력이 가장 강하다."

책 속에서 저자는 또한 귀가 따갑도록 실천의 중요성을 강조한다.

• 개구리 세 마리가 나뭇잎을 타고 강물에 떠내려가고 있었다. 한 마리가 강물에 뛰어들기로 결심했다. 나뭇잎에 개구리가 몇 마리 남았을까. 대부분의 사람이 두 마리라고 대답한다. 답은 세 마리다. 결심하는 것과 실천하는 것은 다르기 때문이다.

- 매일 아침 아프리카에서는 가젤 한 마리가 깨어난다. 가젤은 안다. 가장 빠른 사자보다 더 빨리 뛰지 않으면 죽임을 당한다는 것을. 매일 아침 사자 한 마리도 깨어난다. 사자는 안다. 최소한, 가장 느린 가젤보다 더 빨리 뛰지 않으면 굶어 죽는다는 것을. 여러분이 사자인지 가젤인지는 중요하지 않다. 여러분이 어느 쪽이건 태양이 아침에 얼굴을 드러낼 때마다 여러분이 뛰지 않으면 안 된다는 게 중요하다.

- 프랜시스 베이컨은 '아는 게 힘이다'라고 말했다. 더 정확하게는 "아는 것을 실천하는 게 힘이다"라고 하는 게 맞다. "알면서도 아는 것을 실천하지 않는다면, 여러분은 사실은 알지 못하는 것이다."

- 마음의 평화란 무엇인가. "목적+열정+행동=마음의 평화"다. 아주 작은 실천이라도 실천은 우리에게 마음의 평화를 상으로 준다.

- "성공적인 사람들은 약속을 지킨다." 약속을 지키는 게 가장 중요한 실천이다. 약속을 어겨 가며 한때 부자가 되는 사람도 있지만, 언젠가는 대가를 치르게 된다는 말이다.

— 신뢰가 쌓여야
눈 앞의 이익을 멀리할 수 있다

이 책을 읽고 공감한다면 행동 계획을 수립해야 한다. 포사다는 《마시멜로 이야기》의 끝부분에서 '다섯 단계 마시멜로 계획'을 제안한다. 이 계획을 수립하려면 다섯 가지 질문에 스스로 대답해야 한다. ①당신은 무엇을 바꿔야 할 필요가 있는가? ②당신의 강점과 약점은 무엇인가? ③당신의 주요 목표는 무엇인가? ④당신의 계획은 무엇인가? ⑤당신은 당신의 계획을 행동으로 옮기기 위해 무엇을 할 것인가?

'마시멜로 실험'은 수많은 후속 연구의 '현미경' 검증 대상이 됐다. 유혹에 강한 사람과 약한 사람은 뇌가 다르다는 결과가 발표됐다. 잘 참는 사람은 전전두피질, 잘 참지 못하는 사람은 복측 선조체ventral striatum에서 더 활발한 움직임이 포착됐다. 하지만 뇌 같은 태생적 차이보다는 환경이 더 중요하다는 연구 결과도 나왔다.

2013년 로체스터대 연구에 따르면 어린이의 극기 능력보다 중요한 것은 어린이들이 실험자를 믿을 수 있느냐였다. 15분간 참으면 마시멜로를 더 받게 된다는 약속이 뭔가 미심쩍으면 아이들은 당장 눈에 보이는 마시멜로를 먹어버리는 길을 선택했다. 학자들은 불확실하고 불안정한 상황에서는 당장 눈앞의 이익이 더 중요하기 때문이라고 해석했다. 로체스터대 연구를 사회 차원으로 확장한다면 어떤 이야기를 할 수 있을까. 사회적 신뢰 관계가 굳건한 사회에서는 사람들이 어릴 때부터 각종 유혹을 멀리하고 공부나 자기계발에 힘쓸 가능성이 더 크다는 주장을 펼칠 수 있겠다.

이 책에 영감을 준 '마시멜로 실험'에 다각도로 반론을 제기할 수 있다. 실험 설계가 잘못됐을 수도 있다. 또 요즘같이 바쁜 시대, 순발력을 요구하는 시대에는 일단 마시멜로를 잽싸게 먹는 게 참아내기 못지않은 덕목이 아닐까.

이 책이 우리나라 독자들을 사로잡은 이유는 뭘까. 마케팅의 성공이 낳은 결과일 수도 있다. 하지만 마케팅을 아무리 열심히 해도 베스트셀러를 만들 수 있는 것은 아니다. 극기克己, 즉 "자기의 감정이나 욕심, 충동 따위를 이성적 의지로 눌러 이김"이라는 가치와 그 가치에 대한 향수에 해답이 있는 것은 아닐까.

"성공은 여러분의 과거나 현재에 달린 게 아니다.

꺼리던 행동을 기꺼이 하기 시작할 때 성공이 시작된다."

아웃사이더가
오히려 우월하다 ─────────────

리처드 바크 《갈매기의 꿈》

"부모 말을 들으면 자다가도 떡이 생긴다"는 말이 있다. 그러나 부모님 말씀을 안 듣는 게 더 좋은 경우도 가끔 혹은 자주 있다. 그렇다면 그건 어떤 때일까. '내가 진짜 하고 싶은 것'이 있는 경우가 아닐까.

리처드 바크Richard Bach의 《갈매기의 꿈Jonathan Livingston Seagull》은 천천히 읽어도 1시간이 채 걸리지 않는 분량의 우화소설이다. 처음에는 입소문으로 시작해 지금까지 전 세계에서 4400만 부가 팔렸다. 1973년에는 영화로 만들어졌다. 싱어송라이터 닐 다이아몬드가 사운드트랙을 담당했다.

'나이브하다'는 혹평과 '시대를 초월한다'는 찬사가 엇갈렸다. '얼간이나 좋아할 내용'이라는 저격에도 불구하고 《갈매기의 꿈》에 매료된 팬들은 자신들이 아끼는 사람들에게 생일 선물, 크리스마스 선물로 이 책을 선물했다.

— 먹기 위해 날지 말고
  나는 것이 좋아서 날아라

4부로 구성된 《갈매기의 꿈》의 주인공은 '갈매기 조나단 리빙스턴 Jonathan Livingston Seagull'이다. 주인공은 철학적이고 야심 가득한 '바다 갈매기'다. 조나단은 부모님 말씀을 무시하고 비행 연습에 몰두한다. 여기서 '부모님 말씀'은 사회적 통념이나 관습, 제도를 상징할 수 있다.

조나단은 기본적으로 반항적이다. 조나단이 보기에 부모님 말씀 잘 듣는 갈매기들은 허덕허덕 산다. "대부분의 갈매기는 나는 게 아니라 먹는 게 중요하다"라고 말하는 조나단에게 중요한 것은 나는 것이다. 먹기 위해 나는 게 아니라 나는 것 자체가 너무나 좋아서 난다. 조나단은 물질주의에 반대한다.

조나단은 자신의 한계를 시험한다. 고속낙하도 해보고 수면비행도 해본다. 더 높이, 더 빨리 날아보려고 애쓴다. 갈매기들에게도 올림픽이 있다면, 조나단은 세계 기록을 수차례 경신하고 금메달을 여럿 수확했을 것이다.

조나단이 보기에 어선에서 어선으로 나는 것, 빵 쪼가리나 주워 먹으려는 통상적인 갈매기 비행은 비행도 아니다. 조나단은 낙하에 이은 다이빙도 개발한다. 수면 밑에는 신선한 물고기가 잔뜩 있었다. 비행 그 자체를 위해 비행하다 보니 먹을거리가 덤으로 생겼다. 얄궂은 일이다.

뭔가 잘했으면 칭찬을 받고 상도 받는 게 정상이다. 세상은 이상하다. 오히려 조나단은 무리로부터 추방당한다. 무리와 다른 개체는, 극단적인 경우에 악마 혹은 신神 취급을 당한다는 게 저자 리처드 바크의 생각이다. 바크는 둘 다 옳지 않다고 본다.

조나단은 아웃캐스트·아웃사이더가 됐다. 아웃캐스트는 파리야 pariah다. 즉, 무리에서 버림받은 존재다. 아웃사이더는 무리의 그 어떤 그룹에도 속하지 않는 존재다. 둘 다 별종別種이다. 다르다는 것은 나쁜 게 아니다. 틀린 것도 아니다. 리처드 바크는 아웃캐스트나 아웃사이더가 오히려 우월하다고 주장한다.

《갈매기의 꿈》은 1970년대 뉴에이지, 대안적 영성 운동을 대표하는 문헌이다. (상당수 성직자들이 신자들에게 뉴에이지의 위험성을 경고한다.)《갈매기의 꿈》이 예수의 인생에 빗댄 우화라는 해석이 등장했다. 하지만 바크가 그리는 조나단의 모습은 싯다르타나 티베트의 부처 밀라레파와도 통한다.

— 부지런히
   계속 사랑하라

2부에서 조나단은 천사 같은 모습을 한 두 갈매기를 만나 더 높은 존재의 차원으로 이끌린다. 천국·낙원·선계仙界 같은 곳이다. 지구가 아닌 다른 행성인지도 모른다. 조나단은 그곳에서 자신과 마찬가지로 '비행 그 자체'를 즐기는 갈매기들을 만난다. 그곳에서 조나단은 자신이 '100만 갈매기 중에서 한 마리'라는 평가를 받았다. 다른 갈매기는 1000번 환생해야 깨달을 수 있는 것을 조나단은 이번 생에서 단번에 얻었다는 평가를 '천국'에서 받은 것이다. 이 책은 종교 창시자들이나 종교를 교묘히 홍보하는 책일 수도, 교묘히 비웃는 책일 수도 있다.

《갈매기의 꿈》의 핵심 토픽 중 하나는 완벽성이다. 영감의 원천은 일차적으로 그리스도교다. 저자가 그리스도교 문화권에서 태어났기 때문이다. 그리스도교 《신약》에 보면 이렇게 나와 있다.

- "하늘에 계신 아버지께서 완전하신 것 같이 너희도 완전한 사람이 되어라."(마태 5:48)
- "나를 믿는 사람은 내가 하는 일을 할 뿐만 아니라 그보다 더 큰 일도 하게 될 것이다."(요한14:12)

좋게 이야기하면, 뉴에이지는 모든 종교나 영성 전통에 개방적이다. 나쁘게 이야기하면 양다리다. 《갈매기의 꿈》도 그렇다. 조나단이 정토에서 배운 것은 이것이다. 우리가 태어날 다음 세상을 결정하는 것은 '이번 생에서 무엇을 배웠는가'다. 아무것도 배우지 않으면 이번 생과 같은 세상에서 태어나게 된다.

3부에서 조나단은 고향으로 돌아와 자신이 천국에서 배우고 연마한 것을 제자들에게 가르친다.

《갈매기의 꿈》은 미국이 중시하는 가치가 물씬 녹아 있는 책이기도 하다. 그중 핵심 가치는 '네 자신이 돼라'다. 미국식 개인주의를 요약하는 표현이다. 자기 자신이 될 수 있는 것은 자유가 있기 때문이다. 독재·권위주의 체제에서 나는 '내가 바라는 나'가 아니라 '국가·정부가 바라는 나'가 돼야 한다. 조나단이 바라는 것은 나는 것이다. 그에게 나는 것은 올바른 일이기도 하다.

자유는, 조나단이라는 뻐딱한 갈매기가 이해하는 갈매기의 본질이다. 자유를 방해하는 예식·미신·제약은 집어치워야 한다. 《갈매기의 꿈》은 궁극적으로 각종 규제의 완화와 철폐를 요구하는 메시지를 담고 있다. 《갈매기의 꿈》은 자본주의 친화적 문헌이다.

《갈매기의 꿈》은 무협지처럼 읽힐 수도 있는 책이기도 하다. 조나단은 순간이동, 즉 마음먹은 장소로 즉시 이동이 가능한 스승을 만난다. 순간이동은 어떤 의미에서 즉시발복卽時發福이다. 목표를 세우자마자 그 목표를 달성하는 것이다. 가고 싶은 곳에 즉시 가는 게 어떻게 가능할까. 다음 말이 그 비결을 요약한다. "당신이 이미 도달했다는 것을 출발점으로 삼아라."

조나단은 스승에게 한 수 배운 것을 자신만을 위해 간직하지 않는다. 깨달음을 제자에게 전수하기 위해 세상으로 돌아온다. 자신과 마찬가지로 아웃캐스트·아웃사이더인 제자들을 가르친다. 조나단은 '위대한 갈매기Great Gull'의 반열에 오른다. 그가 결코 바란 것은 아니다. 3부의 끝에서 조나단은 "부지런히 계속 사랑하라"라는 메시지를 남기고 사라진다. 그는 사라졌지만 수제자 플레처Fletcher가 지상에 남아 있다. 플레처는 그리스도교의 베드로·바울, 불교의 마하가섭摩訶迦葉·아난타阿難陀에 해당하는 제자다. 조나단은 플레처에게 다음과 같은 질문을 한 적이 있다. "너무나 날고 싶기 때문에, 네 무리를 용서하고 어느 날 그들에게 돌아가 그들의 배움에 도움을 주는 일을 할 수 있겠느냐?"

저자 리처드 바크는 독일 작곡가 요한 제바스티안 바흐(1685~1750)의 후손이라는 설이 있다. 확증되지 않았다. 바크는 어렸을 때 고소공포증이 있었다. 17세부터 비행기를 운전했다. 롱비치주립칼리지를 1년 다니다가 미 공군 입대를 위해 자퇴했다. 전투기 조종사로 활약했다.

아들 제임스는 "아빠는 자신의 종교가 비행이라고 말했다"고 했다. 바크는 편집자 생활 등 《갈매기의 꿈》의 탄생을 위해 필요한 커리어를 쌓았다. 결국 《갈매기 조나단》을 완성했지만 출판사들에게 18번이나 거절당했다. 그 후 안목 있는 편집자를 만나 1970년 출간됐다.

이 책이 시작된 것은 1959년이다. 캘리포니아 롱비치에 살 때다. 산책하는데 뒤에서 목소리를 들렸다. 그 목소리는 '조나단 리빙스턴 시걸'이라는 이름을 리처드 바크의 귀에 속삭였다. 집으로 돌아오자마자 3000 단어 분량을 미친 듯이 타이핑했다. 마무리는 하지 못했다. 목소리가 다시 들린 것은 9년 후였다. 초고를 완성했지만 문제는 분량이었다. 소설은 보통 5만 단어 이상이어야 출간할 수 있는데 1만단어도 안 됐다. 50여 장의 갈매기 사진을 넣었지만 총 93페이지에 불과했다. 확신으로 밀어붙인 사람들 덕분에 책이 나왔다.

— 내면의 목소리에도
   진짜가 있고 가짜가 있다

전 세계적인 베스트셀러 작가 바크도 인생의 굴곡은 피할 수 없었다. 1981년에는 파산을 했고 세 번 결혼했다. 2012년에는 자가용 비행기의 착륙 사고로 거의 죽을 뻔했다. 일주일 동안 코마 상태에 놓였다. 임사체험을 했다. 4개월간 입원했다. 사고 후에 바크는 이렇게 말했다. "나는 그 사고가 전혀 사고가 아니라 시험은 아니었는지 궁금했다." 또 이렇게 말했다. "나는 영혼의 원칙이 있다는 것을 알고 있다. 그 원칙은 시공時空과 무관하게 작동한다. 나는 영혼이나 몸의 믿음에 있어서나 그 원칙에 종속된다. 영혼이 어떻게 작동하는지 몇 개의 간단한 규칙을 배우면 완벽한 영적인 삶을 사는 게 쉽다."

2012년 사고를 계기 삼아 바크는 17페이지 분량 4부를 《갈매기의 꿈》 개정증보판에 추가해 2014년 출간했다. 4부는 이미 다 써 놨으나 공개하지 않았던 내용이다. 이런 내용이다. 조나단이 사라진 후 제자들은 놀라운 일을 성취한다. 조나단에 버금가거나 앞서는 놀라운 '기적'들이 일어났다. 이윽고 조나단의 삶과 가르침을 왜곡하고 조나단을 우상화하는 작업이 시작된다. 하지만 새로운 부흥을 선도할 새로운 지도자가 나타난다. 이 역시 불교와 그리스도교의 역사에 실제로 나타난 일들을 《갈매기의 꿈》이라는 소설에 옮긴 것이라고 볼 수 있다.

바크는 겸손한 사람이다. 그는 여러 인터뷰에서 이렇게 말했다. "내 책들 중에서 독자에게 새로운 것을 전하는 책이 있다고 생각하지 않는다. 나는 배우는 게 더디다."

이 책에 담긴 가장 중요한 뜻은 무엇일까. 두 가지를 꼽을 수 있다. 첫째는 내면의 목소리에도 가짜가 있고 진짜가 있다는 점이다. 조나단도 부정적인 내면의 목소리를 들었다. '인생에는 한계가 있다. 한계를 받아들여야 한다'는 목소리였다. 하지만 조나단은 그런 부정적인 생각을 극복했다.

둘째는 완벽성의 중요성이다. 우리는 이미 사업을 하고 있고 글쓰기를 하고 있고 시험 준비를 하고 있다. 우리는 이미 어느 정도 성공을 거두고 있다. 갈매기들도 이미 비행을 한다. 하지만 조나단이 바란 것은 완벽한 비행이었다. 새로운 완벽성은 신기원을 연다. 기존의 법이나 규칙을 따르는 사람이 아니라 새로운 법이나 규칙을 만들겠다는 사람이 있는 한 《갈매기의 꿈》은 계속 사랑받는 책으로 남을 것이다.

자유를 방해하는 예식, 미신, 제약을 없애야

시민과 개인이 완벽성을 추구할 수 있다.

성공 경쟁을 생존 경쟁으로
착각하면 불행해진다 ─────────

버트런드 러셀《행복의 정복》

크고 작은 열정 없이 사는 사람은 아마 없을 것이다. 열정은 사람을 불행하게 만들 수도 행복하게 만들 수도 있다. 자신의 열정을 체계적으로 통제하고 조직하는 방법을 아는 사람도 있고 모르는 사람도 있다.

버트런드 러셀Bertrand Russell(1872~1970)을 움직인 것은 열정이다. 그는 이렇게 말했다. "단순하지만 강렬한 세 가지 열정이 내 인생을 지배했다. 사랑에 대한 갈망, 지식에 대한 탐구욕, 인류의 고통에 대한 참기 힘든 연민이다."

러셀은 20세기 최고의 지성 중 한 사람이다. 수학자·논리학자·역사가·사회비평가인 러셀은 특히 20세기 영미권에서 주류를 형성한 분석철학의 아버지다. 그의 학문은 인식론·형이상학·과학철학뿐만 아니라 교육철학·도덕론에도 막대한 영향을 남겼다. 1950년에는 노벨 문학상을 받았다.

러셀은 '영국의 볼테르'로 불렸다. 1970년 그가 97세로 사망하자 부고 기사는 '영국의 볼테르'의 죽음을 애도했다. 그는 이 별명을 좋아했다. 1958년에는 '볼테르가 내게 미친 영향'이라는 글을 프랑스어로 발표하기도 했다. "세계사는 광신의 역사다"라고 한 볼테르처럼 러셀

또한 어리석음과 싸웠다. 평화운동을 하다가 투옥된 적도 있다.

── 행복하려면 행복뿐만 아니라
불행도 정복해야 한다

《행복의 정복》(1930)은 러셀이 58세 때 쓴 책이다. 내용을 본다면 '불행의 정복'이나 '행복과 불행의 정복'으로 제목을 붙여도 될 만하다. 러셀이 100세에 가깝게 장수한 비결은 행복과 불행을 정복한 데 있는 것이 아닐까.

러셀은 명문가 출신이었다. 자유주의 휘그당을 세운 가문이다. 할아버지 존 러셀 경은 빅토리아 시대에 총리를 지냈다. 러셀의 대부는 존 스튜어트 밀이었다. 하지만 러셀의 인생살이는 순탄하지 않았다. 3세에 고아가 됐다. 할머니인 러셀 백작 부인에게 엄격한 기독교 교육을 받는 가운데 러셀은 자신이 무신론자가 된 사실을 숨겨야 했다. 그는 10대일 때 그리스어 알파벳으로 비밀일기를 썼다. 자신의 감정을 숨기는 재주를 터득했다.

그를 둘러싼 환경에서는 극단이 공존했다. 러셀의 집안은 정치적으로는 자유주의적, 종교적으로는 보수주의적이었다. 외가 쪽 삼촌 중에는 로마가톨릭 주교, 메카 순례를 다녀온 무슬림, 무신론자가 있었다. 러셀은 무신론자가 됐다. 조숙했던 그는 16세 때 일기에 이렇게 썼다. "나의 종교는 온전히 이것이다. 모든 의무를 다하고 이 세상이나 저 세상에서 그 어떤 보상도 기대하지 말라."

러셀의 말년에 그가 그리스도교의 품으로 돌아올지 모른다는 루머가 돌았다. 그러나 그는 16세 이후 변하지 않았다. 러셀은 평생 "모든 형태의 종교는 거짓일 뿐만 아니라 해롭다"고 믿었다. 1927년에는 《나는 왜 기독교인이 아닌가》라는 책을 저술했다. 그는 그리스도교의 교회 제도나 신자들이 잘못된 게 아니라 예수의 가르침 자체에 결함이 있다고 주장했다. 예수가 지옥의 영원한 형벌을 믿은 것은 잘못이라는 것이다. (이에 대해 예수가 강조한 것은 '지옥'이 아니라 '신국神國'이었다는 반론을 제기할 수 있다. 복음의 목표는 사람들이 '악'으로부터 자유롭게 되어 새로운 '선'한 삶을 살게 되는 '신국'으로 들어가게 하는 것이었다. '지옥'으로 사람들을 협박하는 것이 아니었다.)

러셀의 가정사는 수차례의 결혼·이혼·혼외정사로 얼룩졌다. 그는 네 번 결혼했고, 그 결과 그는 '무신론자는 악하다'는 명제를 증명하려는 사람들의 타깃이 됐다.

사회운동가로서 러셀의 행보도 일관성이 있는 것은 아니었다. 그는 '가장 현명한 영국의 바보'라고 불렸다. 영국에 대한 애국심으로 흥분하기도 하고, 민족주의는 종교와 마찬가지로 인류 진보를 위해 사라져야 하는 것이라고 매도하기도 했다.

대체적으로 그는 진보나 사회주의 진영에 속했다. 제1차 세계대전 때는 징집 반대운동을 하다 1916년 100파운드의 벌금형을 받았고

트리니티 칼리지 강사직에서 해고됐다. 1918년에는 6개월 동안 옥고를 치렀다. 50년대는 반핵운동, 60년대는 베트남전 반대운동을 했다. 61년에는 89세의 나이에 데모를 하다 7일 동안 구금되기도 했다. 러셀은 여성 참정권, 실험결혼, 성교육을 주장했으며 그의 생애 마지막 몇 년은 피델 카스트로와 체 게바라에게 열렬한 지지를 보내는 데 쓰였다.

— 바라는 것들을 발견하고 노력하면, 그것들을 얻는다

러셀은 전문 분야가 아닌 영역에서 대중적인 글을 많이 남겼다. 사람들은 천재가 어떻게 생각하는지 궁금했기에 충분히 시장 수요가 있었다. 1914년 이후에는 정치 이론, 사회 정책, 역사, 대중과학, 결혼, 섹스, 교육에 대한 책과 기고문을 썼다. 그는 150권의 책과 2500개의 에세이를 남겼다. 그는 30시간에 한 번꼴로 지인들에게 편지를 썼다. 남아 있는 편지가 5만 개다. 강연과 글쓰기는 생계수단이기도 했다. 1945년 베스트셀러가 된 《서양철학사》의 출간으로 그는 경제적인 안정을 평생 누리게 됐다. 그는 대중이 이해하기 쉬운 글을 빨리 쓸 수 있는 재주가 있었다. 이 점에서 토머스 페인과 비교되기도 한다. 그가 사망했을 때 '마지막 빅토리아 시대 인물의 사망'이라는 말도 떠돌았다. 그러나 그는 TV에도 자주 나와 대중적 인기를 누리는 20세기형 공공지식인이기도 했다.

러셀에 대한 부정적 평가도 꽤 된다. 그가 쓴 대중서는 지식 부족, 경험 부족이 드러난다는 혹평을 받기도 했다. 평생 일반인을 계몽하는 작업에 충실했으나 "다윈은 보통 사람 3000만 명의 가치가 있다"는 발언으로 엘리트주의자라는 공격도 받았다. 작가 버지니아 울프는 일기에 그를 '열정적인 이기주의자'라고 표현했다. 런던 정경대 설립자인 비어트리스 웨브는 러셀이 '악마적인 기지를 지닌 타락한 천사'라며 "그가 행복하게 되지 못할 거라고 확신한다"는 말을 남기기도 했다.

만약 러셀이 행복하지 않았다면, 그런 러셀이 지은 《행복의 정복》은 읽을 가치가 있을까. 그런 의문에 더해 《행복의 정복》은 오늘날의 기준으로는 남녀차별적·인종차별적인 대목도 많다. 《행복의 정복》에 대해 러셀의 제자이자 동료인 철학자 루트비히 비트겐슈타인은 '토할 것 같다'고 평하기도 했다. 그러나 《행복의 정복》은 충분히 검증받은 책이다. 출간 당시부터 고상한 지식인들이 외면했지만 오히려 일반인들이 고개를 끄덕였다. 정신과 의사들의 지지도 받았다.

《행복의 정복》은 러셀의 체험담이기도 했다. 독자들이 보기에도 불행을 극복하고 행복해졌다는 러셀의 말이 설득력이 있었다. 러셀의 체험담은 이렇다. 러셀 자신이 가장 바라는 게 뭔지 발견하고 노력하자 점차로 그중 많은 것을 획득했다는 것이다. 반면 자기 자신, 그리

고 자신에게 결핍된 것에 대해서는 무관심한 태도로 일관하자 행복
이 증진됐다는 것이다. 공포에 대해서는 정면으로 맞서면 된다는 경
험을 말하기도 했다.

— 비교하지 않으면
시기심도 극복할 수 있다

《행복의 정복》은 알기 쉬운 영어를 쓰자는 취지의 '플레인 잉글리
시Plain English' 운동 전에 저술되었다. 그 덕분에 아주 쉽게 읽을 수 있
는 책은 아니지만 구성과 내용은 단순하다. 러셀의 행복론은 상식적
이고 이성적이었다. 20세기 최고의 철학자 중 한명이 내놓은 행복 플
랜도 상식과 이성을 벗어날 수 없다는 것을 예시한다.

《행복의 정복》의 타깃 독자는 평범한 사람들로, 뚜렷한 외부적 원
인 없이 일상적인 불행에 빠져 있는 사람들로 설정했다. 그들은 심각
한 불행요소가 없기에 그들이 올바른 방향으로 노력하면 다수가 행
복하게 될 수 있다고 러셀은 낙관했다. 노력하면 잘못된 세계관, 잘못
된 윤리관, 잘못된 생활습관을 고쳐 행복의 길에 들어설 수 있다는
것이다.

러셀은 미치지 않을까 하는 두려움과 자살 충동에 시달리기도 했
다. 이에 대해 러셀은 좋은 사고를 하는 습관으로 걱정을 극복했다고

독자들에게 자신의 경험을 공유했다.

행복하려면 어떻게 하면 될까. 러셀의 해법은 '콜럼버스의 달걀'을 생각나게 한다. 우선 불행과 행복의 원인에 대해 기본적인 지식은 갖추어야 한다. 그 지식은 무의식에 뿌리내릴 정도로 내면화돼야 한다. 그런 다음에는 불행의 원인을 제거하고 행복의 원인을 수용해 실천하면 된다. 러셀이 거론한 불행의 원인은 경쟁, 시기, 죄의식, 피해망상, 여론에 대한 공포와 같은 것들이다.

그 중 시기는 비교를 안 하면 극복된다고 역설했다. 영광을 갈망하는 사람은 나폴레옹을 시기하게 되는데 나폴레옹은 카이사르를, 카이사르는 알렉산더 대왕을, 알렉산더는 존재하지도 않았던 헤라클레스를 시기했다는 것이다.

죄의식에 대한 해결책은 무신론자인 러셀의 선호가 드러난다. 그는 죄의식을 불러일으키는 전통적인 종교의 도덕코드는 인간의 행복을 방해하지 않는 것으로 대체해야 한다고 주장했다.

행복의 원인으로는 열정, 애정, 가족, 노력과 포기를 들었다. 사람과 사물에 대해 사심 없는 관심을 갖고 사람들을 관찰해 그들의 개성에서 즐거움을 발견하는 것과 같은, 아주 사소해 보이는 것들이 행복의 원인이다. 사람들을 대할 때는 그들을 지배하겠다든가 그들의 우상 대상이 되겠다는 생각을 버리라고 했다.

러셀은《행복의 정복》에서 행복을 추구할 때 사람들이 흔히 하기 쉬운 오해를 경계했다. 우선 성공은 행복 그 자체가 아니라 행복의 한 요소일 뿐이라고 지적했다. 생존 경쟁 때문에 불행하다는 사람이 많으나 그들은 사실 생존이 아니라 성공을 위한 경쟁을 하고 있다는 뼈아픈 지적도 했다. 한편 불행의 주요 원인인 따분함의 반대는 흥분이라고 역설했다. 러셀은 따분함에 대해 특히 가혹했는데 러셀은 인류가 범하는 죄악의 반은 따분함 때문이라고 주장했다.

《행복의 정복》은 불행의 사회·정치·경제적 원인을 강조한 데서 시대를 앞서간 측면이 있다. 21세기 한국과 한국인에게도 러셀의 메시지는 큰 울림이 있다. 러셀은 당시 영국 어머니의 자식에 대한 과도한 기대가 자식의 불행을 초래할 수 있다고 지적했다.

불행의 원인을 삭제하고, 행복의 원인을 추가하면
대부분의 사람들은 행복해질 수 있다.

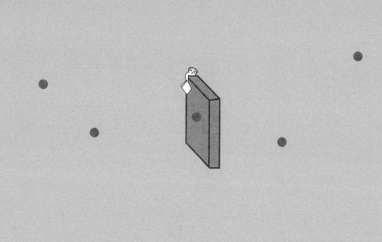

PART

4

철학에서 삶을 살아가는
지혜를 찾다

많은 게 부족하면 가난,
모든 게 부족하면 탐욕이다 ─────────

푸블릴리우스 시루스 《문장》

고대 그리스에는 《이솝 이야기》로 유명한 우화 작가 이솝(BC 620?~BC 564?)이 있었다. 이솝은 그리스 사모스 왕의 노예였는데 우화를 재미있게 이야기해 자유를 얻었다. 이솝은 에티오피아 출신 흑인이었다는 주장이 있다.

그리스에 이솝이 있다면, 로마에는 푸블릴리우스 시루스(활동기 BC 85~BC 43)가 있다. 시루스도 노예 출신이다. 태어날 때부터 노예였는지, 아니면 전쟁포로로 노예가 됐는지는 불확실하다. 시리아 중에서도 안티오키아 출신이었다. 주인이 시루스를 로마로 데려간 것은 그가 12살 때였다. 그의 재주를 아낀 주인이 자유와 교육받을 기회를 주었다.

노예와 자유인의 차이는 뭘까. 속박의 유무라는 차이는 있어도 지知·지智, 즉 '사물의 이치를 밝히고 그것을 올바르게 판별하고 처리하는 능력'의 차이는 없다. 이를 증명하며 문학사에 불멸의 이름을 남긴 '평행이론' 사례가 있다.

— 구르는 돌에는
이끼가 끼지 않는다

시루스는 고대 로마 초기부터 인기 있는 연극 장르였던 마임 작가
였다. 폭정으로 악명 높은 네로 황제(37~68)가 마임에 직접 출연한
적도 있다. 이탈리아 지방 곳곳에서 명성이 자자한 시루스를 카이사
르(BC 100~BC 44)가 로마로 불러냈다. 카이사르는 기원전 46년 자신
의 탑수스 전투 승리를 기념하는 마임 경연대회에서 우승한 시루스
에게 상을 줬다. 시루스의 마임은 실전됐지만, 후세 사람들이 그의
마임에서 추려낸 명언을 담은 《문장文章 Sententiae·Sentences》이 남아 있다.
기원후 1세기에 형성된 문헌이다. 734~1000여 개 짧은 문장으로 구
성된 《문장》은 아직 우리말로는 번역되지 않았다.

시루스는 서양 아포리즘 문학의 창시자 중 한 명이다. 고대 로마 스
토아학파 철학자 루키우스 안나이우스 세네카(BC 4~65)도 시루스의
아포리즘을 모범으로 삼았다. 시루스의 아포리즘 대표작으로 우선 "구
르는 돌에는 이끼가 끼지 않는다"가 떠오른다. "부지런하고 꾸준히 노
력하는 사람은 침체되지 않고 계속 발전한다", "많이 떠돌아다니거나
직업을 자주 바꾸는 사람은 성공하지 못하니 한 우물을 파라"라는 뜻
이다. 또 "친숙하면 얕보게 된다"가 있다. 이 말은 예수가 한때 고향 나
사렛에서 인정받지 못한 이유를 설명할 때 인용된다.

명언이라고 해서 기기묘묘奇奇妙妙한 수가 담긴 것은 아니다. 오히려

인생에 진정한 도움을 주는 격언은 집밥처럼 소박하다. 시루스는 이렇게 말했다.

- "건강과 양식(良識)은 인생에서 양대 축복이다."
- "일치가 있는 곳에는 항상 승리가 있다."
- "힘으로 안 되는 것을 친절로 달성할 수 있다."
- "꼭대기에 오르려면 밑바닥에서 시작하라."
- "의심은 의심을 낳는다."
- "모든 사람이 탐내는 것은 지키기 힘들다."
- "상처가 아물어도 흉터는 남는다."
- "두 마리 토끼를 쫓는 사람은 한 마리도 잡지 못한다."
- "가장 큰 편안함은 비난으로부터 자유로운 것이다."
- "나는 종종 내가 말했기 때문에 후회한다. 침묵을 지켰기 때문에 후회한 적은 절대 없다."
- "실천은 최고의 선생이다."
- "말은 영혼의 거울이다."
- "다른 사람이 우리에게 관심을 가지면, 우리도 그들에게 관심을 가진다."

— 부탁을 정중하게 거절하면,
  부탁을 들어준 것과 마찬가지다

'동서고금을 막론하고 진리는 하나다'라고 하는 것은 과장이다. 하지만 인간의 조건과 체험은 동일하기에 인류는 닮은꼴의 아포리즘을 공유한다. 시루스는 다음과 같이 우리 문화권의 반면교사(反面敎師, 사람이나 사물 따위의 부정적인 면에서 얻는 깨달음이나 가르침을 주는 대상을 이르는 말), "선무당이 사람 잡는다"에 해당하는 말을 했다.

- "현명한 사람은 다른 사람의 잘못을 통해 자기 자신의 잘못을 고친다."
- "반쯤 아는 것보다 아예 무지한 게 낫다."

인생살이에서 가장 중요한 것 중 하나가 부탁·청탁을 하고 또 거절하는 것이다. 하지만 가정에서도 학교에서도 어떻게 해야 하는지 가르쳐주지 않는다. 핵심은 호혜성reciprocity이다. 시루스는 이렇게 말했다.

- "가장 많은 은혜를 입는 사람은, 은혜를 갚을 줄 아는 사람이다."
- "부탁을 정중하게 거절하면, 부탁을 들어준 것과 마찬가지다."
- "남에게 받은 도움은 절대 잊지 말고, 남에게 준 도움은 빨리 잊어버려라."
- "줄 수 없는 사람은 받지도 말아야 한다."

"명예를 잃은 사람은 더 잃을 게 없다"라고 말한 시루스는 재물이나 권력보다 명예를 소중히 여긴 것 같다. 재물에 대해 이렇게 말했다.

- "많은 게 부족하면 가난, 모든 게 부족하면 탐욕이다."
- "이성의 지배를 받는다면, 돈은 축복이다."

운칠기삼運七技三을 넘어 행운이 전부인 것 같기도 하다. 시루스는 행운에 관해 이렇게 말했다.

- "운은 그가 지나치게 편애하는 사람을 바보로 만든다."
- "행운은 많이 빌려주지만, 공짜로 주는 법은 없다."

그 어느 때보다 분노 조절이 필요한 시대다. 시루스는 이렇게 말했다.

- "분노한 사람은 제정신을 차렸을 때 자기 자신에게 분노한다."
- "그 누구도 당신을 정당한 이유로 혐오하지 않도록 조심하라."

분노는 판단력 부족을 낳는다. 잠시 사람을 미치게 한다. 인간의 어리석음에 대해 시루스는 이렇게 말했다.

- "응징하려고 이웃집에 불을 내는 것은 미친 짓이다."
- "불확실한 것을 확실한 것으로 받아들이는 것은 미친 짓이다."

— 친구는
잠재적 원수로 대하라

시루스는 다음과 같이 친구, 우정의 다양한 측면을 드러냈다. 모순되는 내용도 있다.

- "번영은 친구들을 만들고 역경은 친구들을 시험에 들게 한다."
- "친구를 잃을 때마다 우리는 죽는다."
- "당신의 은밀한 이야기를 세상에 이야기하는 사람을 친구로 여기지 말라."
- "친구의 잘못에 눈을 감지도 말고, 잘못 때문에 친구를 미워하지도 말라."
- "우정은 항상 이익을 안겨주지만, 사랑은 항상 상처를 입힌다."
- "친구는 '잠재적 원수'로 대하라."
- "친구를 믿지 않는 사람은 친구라는 말의 의미를 모르는 사람이다."
- "새 친구가 생기면 옛 친구를 잊지 말라."
- "적을 용서하면 많은 친구를 얻는다."

정치나 권력에 대해서는 이렇게 말했다.

- "주인은 자신이 다스리는 사람들을 두려워할 때 노예가 된다."
- "바다가 잔잔할 때는 누구나 배를 몰 수 있다."
- "변통(變通) 없는 계획은 나쁜 계획이다."
- "어떤 치료법은 질병보다도 나쁘다."
- "많은 사람이 두려워하는 사람은, 그 자신도 두려워할 사람이 많다."
- "병사의 용기는 장군의 지혜에 달렸다."
- "주인의 요청은 명령이다."

《문장》은 도덕 지침서이자, 행복과 성공의 문제를 다루는 시원적 자기계발서다. 행복과 불행에 대해 시루스는 이렇게 말했다.

- "자신이 행복하다고 생각하지 않는 사람은 행복하지 않다."
- "자신을 용서할 수 없는 사람은 얼마나 불행한가."

동서양 모두 대담함과 신중함을 중시한다. 상대적으로 서양은 대담함 쪽으로 기울었다고 볼 수 있다. 대담함에 대해 시루스는 이렇게 말했다.

- "대담함은 용기를, 주저함은 공포를 증가시킨다."

시루스의 《문장》에는 동서고금뿐만 아니라 남녀노소를 뛰어넘는 보편성이 있다. 하지만 나이가 좀 지긋해져야 더 깊이 이해할 수 있는 그의 명언에는 다음과 같은 게 있다.

- "우리가 바라는 것을 얻어도, 그것은 우리 것이 아니다."
- "시도하기 전에는 누구도 자신이 얼마큼 할 수 있을지 모른다."
- "사람들은 당신의 마지막 행동으로 당신의 과거 행동들을 판단한다."
- "누구나 남들은 못 하는 어떤 것에 뛰어나다."
- "대중의 의견보다는 당신의 양심에 물어보라."
- "한 사람에게 생기는 일은 모든 사람에게 생길 수 있다."
- "몇 명이나 기쁘게 할 것인가가 아니라 누구를 기쁘게 할 것인가를 고려하라."

시루스는 "친구는 '잠재적 원수'로 대하라"고 했고
"친구를 믿지 않는 사람은
친구라는 말의 의미를 모르는 사람이다"라고도 했다.
지혜는 모순을 극복하는 가운데 쌓인다.

같은 강물에
두 번 발을 담글 수 없다 ─────────

헤라클레이토스《단편斷編》

• 원서의 국내 번역본이 아직 출간되지 않았음.

동서양의 위대한 사람들은 우주의 궁극적인 원리를 찾아내려고 애썼다. 왜 그랬을까. 단순한 호기심의 발동 때문이었을 수도 있다. 원리를 발견해 권력이나 명예를 쟁취하려고 했는지도 모른다.

고대 그리스 철학자 헤라클레이토스(BC 540?~BC 480?)의 유일한 저작인《자연론》은 역사 속으로 사라졌다. 헤라클레이토스의 사상은 다른 사상가들의 저작 속에서 인용문이라는 단편斷編으로 남았다.

잉그럼 바이워터(1840~1914) 등 고전학자들이 고대 고전을 일일이 뒤져가며《자연론》의 복원을 시도했다.《자연론》이 우주·정치·신학이라는 3부로 구성됐을 것이라는 주장도 있다.《자연론》자체가 단편이었거나 미완성이었을 것이라는 설도 있다. 고전학자들은 그의 가짜 인용문도 추려내야 했다. 그의 명성을 빙자하는 사람들이 있었기 때문이다. 예컨대 "유명해지는 지름길은 선善하게 되는 것이다"라는 말은 그가 한 말이 아닐 가능성이 크다.

한 권의 책으로 그를 만나려면 펭귄클래식에서 펴낸《Heraclitus: Fragments》(2003)가 있다. 그리스어 원문과 영문 번역본에 해설까지 포함됐지만 99페이지 분량이다. 아직 우리말 번역본은 없다.

— 오르막길과 내리막길은
같은 길이다

그의 말들은 그리스어 원문을 어떻게 번역하느냐에 따라 다음과 같이 비슷하면서도 다르게 표현된다. "성격이 운명이다. / 인간에게는 성품이 수호신이다."

"Man's character is his fate. / Character is fate. / Character is our destiny. / One's bearing shapes one's fate. / Character of man is his guardian spirit."

헤라클레이토스를 '서양의 노자老子'로 부를 만하다. 그의 말들은 뭔가 깊이가 있는 것은 같은데 알쏭달쏭하다. 헤라클레이토스는 이런 말들을 했다.

- "감춰진 조화는 알려진 조화보다 낫다."
- "여러분이 그 어느 방향으로 여행에 나서건 영혼의 경계를 발견하지 못할 것이다."
- "눈과 귀는 사람들에게 나쁜 증인이다. 사람들의 영혼이 눈과 귀의 언어를 이해하지 못한다면 말이다."
- "시간은 체커 게임을 하는 어린이다. 왕이 누리는 권력은 어린이가 누리는 권력이다."

- "오르막길과 내리막길은 같은 길이다."
- "원주(圓周)에서 시작과 끝은 같다."
- "자연은 숨기를 좋아한다."

그가 남긴 가장 유명한 말은 "같은 강물에 두 번 발을 담글 수 없다."이다. 만물은 변화한다. 그렇다면 만물은 변화 속에서 어떻게 질서를 유지할 수 있을까. 이 질문에 답을 주려고 시도한 헤라클레이토스의 철학의 요지를 압축한다면 이런 내용이다. 세계는 불타고 있다. 세계는 싸우고 있다. 하지만 세계와 우주에는 영원한 질서가 있다. 보편적인 로고스가 사물의 균형을 유지한다. 여기서 로고스는 말씀, 법, 이성, 원리, 설명, 이야기, 해설, 계획, 주장이다.

— 인간의 길에는 지혜가 없지만, 신들의 길에는 지혜가 있다

그는 불이 '우주를 조화롭게 만드는 기본적인 물질적 원리'라고 주장한 우주론을 전개했다. 그에게 불은 로고스의 은유적 표현이며, 화폐와도 같다. 그는 이렇게 말했다. "만물은 불과 교환될 수 있으며 불은 만물과 교환될 수 있다. 모든 물품이 금과 교환되고 금이 물품으로 교환되는 것처럼."

페르시아가 지배하던 에페수스(오늘날 터키의 소아시아 반도 서쪽 기슭 이즈미르 남쪽)에서 태어난 그는 스승을 인정하지 않았다. 자신이 독학으로 '깨달음'에 도달했다고 주장했다. 그가 소년일 때는 "아무것도 몰랐지만", 결국 "모든 것을 알았다"는 전기 작가의 주장도 있다. 귀족 혹은 왕실 집안에서 장남으로 태어나 동생에게 자리를 양보한 것으로 알려졌다.

'이해하기 힘든 자', '수수께끼를 내는 자', '눈물 흘리는 철학자'로 알려진 그는 당대 '사람들을 불쾌하게 만드는 철학자'이기도 했다. 그는 예컨대 "피타고라스(BC 580~BC 500)는 사기꾼이다"라는 식으로 선대나 동시대 철학자와 유명인들을 공격했다. 헤라클레이토스의 주장은 인용과 뜨거운 토론의 대상이었다.

헤라클레이토스가 중요한 이유는 그가 기원전 3세기부터 기원후 3세기까지 로마제국의 중심 철학이었던 스토아학파의 아버지 중 한 사람이었기 때문이다. 그는 스토아학파를 대체한 그리스도교도 무시할 수 없는 인물이었다. 일부 교부들은 그를 소크라테스와 더불어 '그리스도 이전의 그리스도교인'으로 인정했다. 그리스도교의 입장에 대체적으로 일치하는 다음과 같은 말들을 했다.

- "불은 앞으로 나아가며 만물을 심판하고 유죄판결을 내릴 것이다."
- "인간의 길에는 지혜가 없지만, 신들의 길에는 지혜가 있다."
- "가장 아름다운 원숭이도 사람에 비하면 못생긴 것과 마찬가지로 가장

지혜로운 인간도 신에 비하면 원숭이다."

・"신적인 것의 대부분은 알려지지 않았다. 사람의 부족한 믿음 때문이다."

― 분노와 싸우는 것보다
쾌락과 싸우는 게 더 어렵다

그의 영향력은 고대와 중세를 넘어 근대까지 지속됐다. 헤겔
(1770~1831)은 "나의 논리에 수용하지 않은 헤라클레이토스의 명제
는 없다"라고까지 말했다.

21세기에 헤라클레이토스에 주목해야 하는 이유는 21세기가 동서
양의 만남이 심화되는 시대이기 때문이다.

"모든 것은 흐른다", 즉 "만물은 전유轉游한다"는 그의 말은 불교의
무상無常과 상통한다.

헤라클레이토스는 만물을 구성하는 땅·물·불·공기에 대해 이렇
게 말했다. "불은 땅의 죽음을 살고 공기는 불의 죽음을 산다. 물은
공기의 죽음을 살고 땅은 물의 죽음을 산다" 이 말은 불교의 사대(四
大, 세상 만물을 구성하는 땅·물·불·바람의 네 가지 요소)와 관련 지어 생
각할 수 있다. 우선 땅·물·불이 공통이다. 한 가지 다른 공기나 바람
이나 그게 그거 아닐까. 어떤 이들은 양쪽 생각이 비슷비슷하다, 대
동소이하다고 할 것이다. 다른 이들은 비슷한 것 같지만 전혀 다르다

고 반응할 것이다.

헤라클레이토스의 철학을 음양오행陰陽五行과 비교하는 것도 흥미로운 결과를 낳을 수 있다. 그는 특히 '대립하는 것들의 단일성unity of opposites'을 주장했다. 사실 음양오행론에서는 합合만 중시하는 게 아니다. 때로는 충돌이 서로에게 도움을 주는 경우도 있다. '적대적 공존'에서 더 나아가 '적대적 상생'도 있다. 충돌이 있어야 합이 있다. 헤라클레이토스는 이렇게 말했다. "대립이 일치시킨다. 갈라놓는 것들이 가장 아름다운 조화를 낳는다. 만물은 다툼을 통해 일어난다."

철학자로서 그의 자세, 방법론을 엿볼 수 있는 그의 말에는 이런 게 있다.

- "내가 가장 소중히 여기는 것들은 볼 수 있는 것들, 들을 수 있는 것들, 배울 수 있는 것들이다."
- "가장 위대한 것들에 대해 경솔한 추측을 하지 말자."
- "지혜를 사랑하는 사람들은 진정 많은 것을 접해야 한다."
- "많이 배우는 게 이해하는 법을 가르쳐주는 것은 아니다."
- "지혜는 하나다. 지혜는 모든 사물을 지배하는 생각을 아는 것이다."

헤라클레이토스는 골치 아픈 철학이 아니라 인생에 도움이 될 영양가 있는 말도 많이 했다.

- "분노와 싸우는 것보다 쾌락과 싸우는 게 더 어렵다."

- "바라는 것을 뭐든지 갖는 것은 사람에게 좋지 않다."

- "모든 사람은 자신을 알고 스스로를 다스릴 능력이 있다."

- "불난 집 불을 끄는 것보다 더 급한 것은 프라이드(자부심·자만심)의 불을 끄는 것이다."

가장 위대한 것들에 대해

경솔한 추측을 하지 말자.

마음의 평화가
쾌락이고 행복이다 ───────────

에피쿠로스《저작집》

· 원서의 국내 번역본이 아직 출간되지 않았음.

에피쿠로스주의Epicureanism는 쾌락주의로도 번역된다. 쾌락의 사전적 정의는 유쾌하고 즐거움. 또는 그런 느낌이다. 부정적인 뜻이 내포돼 있지는 않다. 하지만 쾌락은 흥청망청·난봉꾼·방탕 같은 단어들을 연상시킨다. 하지만 쾌락주의가 추구하는 궁극적 쾌락은 '마음의 평화'다. 고대 쾌락주의자들은 산해진미보다는 소박한 음식, 색욕의 충족보다는 우정, 부귀영화보다는 박애의 실천을 모토로 살아가는 사람들이었다. 역설적으로 '세상의 쾌락'을 피하는 게 쾌락주의의 정신이다.

1992년 이탈리아에서 아주 먼 옛날에 나온 책이 느닷없이 베스트셀러가 됐다. 고대 그리스 철학자 에피쿠로스(BC 341~BC 270)의 《저작집》이다. 결혼식·생일 선물뿐 아니라 상喪을 당한 친지들을 위로하는 용도로도 주목받았다. 세계 가톨릭 교회의 중심인 이탈리아에서 《저작집》이 폭발적인 반응을 누린 것은 아이러니다. 《저작집》은 '신神을 배제한' 행복의 비결을 논하고 있기 때문이다.

'나는 행복한가'라고 묻는 순간, 행복에서 멀어진다는 이야기도 있지만 '행복이란 무엇인가'는 '정의란 무엇인가'만큼이나 피하기 힘든 질문이다. 이 질문에 에피쿠로스만큼 '이것이 행복이다'라고 자신 있게 말한 사람은 역사상 없다. 《저작집》은 영문판《The Essential Epicurus: Letters, Principal Doctrines, Vatican Sayings, and Fragments》기준으로 101페이지밖에 안되는 분량이다. 에피쿠로스의 글은 남아 있는 게 별로 없다. 사실상 그의 전집全集이라고 할 수 있는 《저작집》은 '헤로도토스에게 보내는 편지', '퓌토클레스에게 보내는 편지', '메노이케우스에게 보내는 편지', '주요 신조', '바티칸 소장 에피쿠로스 어록'으로 구성됐다.

― 흔들리지 않으면
   신처럼 살 수 있다

《저작집》에 담긴 내용은 이렇다. 인생의 목표는 행복이다. 쾌락과 행복은 동의어다. 쾌락을 얻고 고통을 피하는 게 행복이다. 쾌락은 선善, 고통은 악惡이다. 그렇다면 쾌락이란 무엇인가. 에피쿠로스가 정의하는 쾌락은 "몸에 고통이 없고, 영혼에 골칫거리가 없는 것"이다. 즉 아포니아aponia의 상태다.

어떤 쾌락도 그 자체로는 나쁜 게 아니다. 모든 쾌락은 같다. 하지만 쾌락은 욕망을 채우는 게 아니라 욕망을 이성으로 제압함으로써 달성된다. 욕망을 통제할 수 있게 되면 아타락시아ataraxia, 즉 마음의 평정부동平靜不動 상태가 된다. 에피쿠로스는 "깨어 있을 때나, 잠잘

때나 흔들리지 않게 되면 인간들 사이에서 신처럼 살 수 있다"고 말한다.

사람은 욕망 없이 살 수 없다. 에피쿠로스는 다음과 같은 기준을 제시했다. "내가 욕망하는 것이 성취되면 내게 무슨 일이 일어날까? 성취되지 않으면 무슨 일이 일어날까?"

한데 아타락시아의 적은 탐욕이다. 탐욕은 병이다. 특히 식탐食貪이나 색탐色貪은 금물이다. 지나치면 반드시 후회하게 된다. 과음·과식, 음주가무의 즐거움은 오래가지 않는다. 그때만 좋다. 소화가 안 되고 머리가 아파 후회하게 된다. 권력도 돈도 그때뿐이다. 오래가는 쾌락을 주지 못한다. 돈이나 권력 또한 불안감과 스트레스를 동반하기 때문에 마음의 평화를 깬다.

삶을 바꾸려면 욕망이 소박해야 한다. 에피쿠로스는 "조금에 만족하지 않는 자는 그 무엇에도 만족하지 않는다"고 했다. 에피쿠로스와 그의 제자들의 식단은 간단했다. 보리빵, 치즈, 물, 물로 희석한 포도주를 먹고 살았다. 에피쿠로스는 치즈 한 조각도 진수성찬만큼 쾌락을 줄 수 있다고 주장했다.

또 욕망의 종류가 바뀌어야 한다. 우정, 자유, 수양, 철학적 성찰의 시간 같은 것들은 추구할 만한 쾌락이다. 돈, 권력, 명예 같은 '헛된 욕구'들과 달리 이것들은 '자연스러운 욕구'이기 때문이다. 에피쿠로스는 "남의 눈에 띄지 않게 살라"고 했다. 익명匿名으로 사는 게 최고다. 정치에 가담하는 것에도 부정적이었다.

쾌락은 순식간에 고통으로 탈바꿈한다. 이를 막는 최고의 수단은 철학이다. 철학은 마음의 약이다. 에피쿠로스는 이렇게 말한다. "몸에서 병을 쫓아내지 못하는 의술이 아무런 쓸모가 없듯이, 영혼의 병을 쫓아내지 못하는 철학도 쓸모가 없다."

에피쿠로스는 철학을 이렇게 예찬했다. "진정한 가치는 연극, 목욕, 향수나 연고軟膏가 아니라 철학으로 생성된다."

그렇다면 철학은 무엇을 가르쳐야 하는가. '죽음의 철학'이 핵심이다. 당시 일부 철학자들은 모든 죽음에 초연해야 한다고 주장했다. 에피쿠로스는 타인의 죽음에는 슬퍼하는 게 자연스럽다고 봤다. 하지만 자기 자신의 죽음에 대해서는 쓸데없는 공포와 걱정으로부터 해방돼야 한다고 주장했다.

— 스스로 얻을 수 있는 것을
  신들에게 청하는 것은 쓸데없다

윤회나 영원한 생명을 믿는 사람도 있지만, '죽으면 끝이다'라고 믿는 사람도 있다. 우리는 태어나기 전 '존재하지 않음'을 이미 경험했다. 그러니 20년 먼저 또는 늦게 태어났다고 슬퍼하거나 후회하지 않는 것처럼 일찍 세상을 뜨는 것은 두려워할 일이 아니다. 에피쿠로스는 이렇게 말했다. "현명한 사람에게 죽음은 아무것도 아니다. 모든 선과 악은 감각에 달렸다. 감각이 없는 게 죽음이다."

종교의 기원으로 죽음에 대한 공포를 꼽는 견해가 있다. 에피쿠로스에 따르면 신과 종교가 오히려 공포를 낳는다. 그는 미신이나 신화뿐 아니라 종교 그 자체에 부정적이었다. 에피쿠로스는 이렇게 말했다. "신을 두려워하지 말라. 죽음을 걱정하지 말라. 좋은 것은 얻기 쉽고 끔찍한 것은 견디기 쉽다."

에피쿠로스에 따르면 신神들이 있기는 있다. 창조주는 없지만, 신들은 존재한다(플라톤과 아리스토텔레스는 창조주가 있다고 봤다. 특히 플라톤은 조물주가 이데아에 맞춰 세상을 창조했다고 믿었다). 하지만 그들은 우주의 탄생과 유지에 아무런 역할을 하지 않는다. 신들은 인간을 대상으로 하는 상선벌악賞善罰惡에 관심이 없다. 내세가 없기에 사후 심판도 없다. 몸과 마찬가지로 영혼도 원자로 구성됐다. 영혼도 물질이기에 죽으면 사라진다. 다시 태어나거나 천국이나 지옥으로 가는 일은 없다. 사람은 죽음으로써 아무것도 상실하는 게 없다. 죽은 다음에는 뭔가를 바랄 몸이나 영혼이 없기 때문이다. 그리스도교가 영원한 생명을 약속한다면 에피쿠로스주의는 '영원한 죽음'을 약속한다고 할까?

데모크리토스(BC 460~ BC 370)와 더불어 에피쿠로스는 고대의 대표적인 유물론자다. 에피쿠로스는 무에서 유를 창조할 수 없으며 우주는 물질(원자)과 공간으로만 구성돼 있다고 주장했다. 마르크스주의의 교조인 유물론자 카를 마르크스(1818~1883)의 박사학위 논문이

《데모크리토스와 에피쿠로스 자연철학의 차이에 대하여》(1841)라는 것은 의미심장하다.

에피쿠로스는 자신이 그 어떤 사상가의 영향도 받지 않았으며, 독학으로 사상 체계를 이뤘다고 주장했지만, 원자론뿐만 아니라 '방해받지 않음undisturbedness'의 개념도 데모크리토스가 원조다.

우주에는 무수한 세상이 있으며, 신들은 세상과 세상 사이에 존재한다. 신들은 지극한 평온함 속에서 존재한다. 사람들과 달리 모든 욕망이나 공포로부터 완전히 자유로운 신들은 어떤 면에서는 쾌락주의의 이상이다. 그들은 인간사에 간섭할 여유가 없다. 자신들의 행복을 음미하고 관조하느라 바쁘다. 만약 그들이 인간들의 기도에 응답하거나 인간들의 악행에 분노한다면 그들의 평온함이 깨질 것이기 때문이다. 기도에 대해 에피쿠로스는 이렇게 말했다. "스스로 얻을 수 있는 것을 신들에게 청하는 것은 쓸데없다."

— 세상을 움직이는 것은
　신들이 아니라 원자들이다

에피쿠로스에 따르면 섭리攝理providence, 즉 "세상과 우주 만물을 다스리는 신神의 뜻"이라는 것은 없다. 세상을 움직이는 것은 신들이 아니라 원자들이다. 천둥·번개·지진 같은 것들도 원자 소관이지 신들의 분노와 무관하다. 에피쿠로스주의는 우주가 무한하기 때문에 당연히 우주에는 중심이 없다고 주장한다.

가톨릭 신앙과 에피쿠로스주의에는 한 가지 공통점이 있다. 인간에게는 자유의지가 있다는 믿음이다. 데모크리토스의 원자론을 수용한 에피쿠로스주의에 따르면 원자가 무작위로 방향을 틀며 끊임없이 결합과 분리를 반복하기 때문에 우주에서 결정된 것은 없다. 그 결과 자유의지를 행사할 수 있는 것이다.

여러 측면에서 그리스도교 교리와 충돌하기 때문에 에피쿠로스 철학은 교회로부터 '사상적 탄압'을 받았다. 단테(1265~1321)의 《신곡》은 에피쿠로스와 제자들이 지옥에 있는 것으로 묘사한다. 영혼의 불멸성을 부정했기 때문이다. 고대 그리스 철학의 전개에 중요한 한 축을 이뤘던 그가 부활한 것은 르네상스 이후다. 에피쿠로스의 사상을 대중적·체계적으로 정리한 《사물의 본성에 관하여De rerum natura, On the Nature of Things》라는 시집이 에피쿠로스의 부활에 결정적인 역할을 했다.

고대 그리스의 오랜 철학시哲學詩 전통에 따라 《사물의 본성에 관하여》를 지은 이는 로마 사람 루크레티우스(BC 99?~BC 55?)다. 이 책은 그가 남긴 유일한 작품이다. 스페인 출신 미국 철학자 조지 산타야나(1863년~1952년)는 단테·괴테와 더불어 루크레티우스를 '3대 철학 시인'으로 꼽았다. 아인슈타인은 1923년 《사물의 본성에 관하여》의 독일어판 서문을 이렇게 적었다. "시대정신에 완전히 흠뻑 빠지지 않은 사람에게 루크레티우스의 시는 마법으로 작용할 것이다."

《사물의 본성에 관하여》는 로마제국 멸망 후 잊힌 작품이었다. 1417년 독일의 한 수도원에서 발견됐다. 하버드대 그린블랫 교수(영문학)에 따르면 《사물의 본성에 관하여》는 르네상스 시대 유럽을 뒤흔들었다. 계몽주의의 틀을 제시했다고 해도 과언이 아니다.

"나는 에피쿠로스주의자다"라고 말한 미국 제3대 대통령 토머스 제퍼슨(1743~1826)은 《사물의 본성에 관하여》의 라틴어 판본 5종과 영어·이탈리아어·프랑스어 번역본을 소장했다. 그가 미국 독립선언문에서 주창한 '행복추구권'의 뿌리가 《사물의 본성에 관하여》일 가능성이 크다는 설도 제기됐다. '쾌락'을 '행복'으로 살짝 바꾼 것이다. 사실 쾌락주의에서는 쾌락이 곧 행복이다. 한편 몽테뉴(1533~1592)는 《수상록》에서 《사물의 본성에 관하여》를 100회가량 인용했다.

흥미로운 점은 신격화를 거부하는 사상은 이전의 신격화에서 벗어나자마자 새로운 신격화에 나선다는 것이다. 제자들은 에피쿠로스를 '영웅', '구원자'라고 불렀다. 루크레티우스는 《사물의 본성에 관하여》에서 자연을 거의 신격화했다. 또 제자들은 "세상이라는 고통스러운 수수께끼"를 풀어준 루크레티우스를 신격화했다. 이렇게 말이다. "당신께서는 우리의 아버지이시며 현실의 발견자이십니다."

에피쿠로스는 그리스 사모스에서 태어나 아테네에서 생을 마감했다. 아버지는 교사였다. 기원전 306년 아테네에서 집을 한 채 사고 정원에 학원을 세웠다. 사람들이 호케포스^{Ho Kepos}(정원이라는 뜻)라고 부르는 그의 학원은 여성과 노예도 제자로 받아들였다.

  그는 《자연에 대하여》, 《사랑에 대하여》 등 책 300권(파피루스 두루마리로 만든)을 집필했지만 대부분 실전됐다. 《저작집》에 포함된 편지 3편은 《신약성경》에 나오는 바울의 편지에 영향을 줬다는 설이 있다. 72세 때 전립선염으로 사망했다.

"몸에 고통이 없고, 영혼에 골칫거리가 없는 것"이
쾌락이라고 인정하더라도, 그런 쾌락보다
더 높은 차원의 쾌락이 있는 것이 아닐까.

행운에는
규칙이 있다 ─────────────────

발타사르 그라시안《신탁 핸드북 그리고 신중함의 기예》

현실주의 정치학의 이론가로 마키아벨리(1469~1527)가 있다면, '현실주의 인생학'에는 발타사르 그라시안(1601~1658)이 있다. 그는 우리나라에서나 영미권에서나, 예컨대 《돈키호테》(1605)의 작가 미겔 데 세르반테스(1547~1616)에 비해 덜 알려졌다. 하지만 세계 문학사에서 그는 중요한 비중을 차지한다.

그라시안의 《신탁 핸드북 그리고 신중함의 기예技藝 Oráculo Manual y Arte de Prudencia》(1647, 이하 《신탁》)는 마키아벨리를 연상시킨다. 많은 이들이 그가 마키아벨리보다 우월하다고 평가한다. 그라시안은 마키아벨리를 비판하면서 이상적인 크리스천 지도자상을 제시한 《영웅El héroe》(1637)을 집필했다. 그는 이상적인 군주로 '가톨릭왕el Católico'이라 불리는 페르난도 2세(1452~1516)을 지목했다. 미국 소설가 게일 고드윈은 《신탁》에 대해 "마키아벨리적이지만 양심의 가책이 담겼다"고 평가했다.

《신탁》에는 격언·아포리즘 혹은 처세법이라 부를 수 있는, 100~150단어로 돼 있는 300가지 말이 나온다. 한데 책 제목인 '신탁'이란 무엇인가. 신탁神託, 조언·정보를 주는 길잡이, 전혀 오류가 없는 권위 있고 지혜로운 말 등을 의미한다. 그라시안은 그만큼 인생

통찰에 자신이 있었다.

마키아벨리는 정치의 규칙을 발견해 '정치학의 아버지'가 됐다. 그라시안 또한 세상살이에 규칙이 있다고 봤다. 그라시안을 '서양식 인생 지혜의 아버지'라 불러도 크게 틀린 말은 아니다. 그는 이렇게 말한다. "행운에는 규칙이 있다. 지혜로운 사람은 모든 것을 우연에 맡기지 않는다." 충분한 주의력, 감정의 통제, 자신에 대한 성찰, 신중함만 있으면 누구나 생존할 수 있을 뿐만 아니라 인생에서 성공하고 뛰어난 리더십을 발휘할 수 있다는 것이 그라시안의 관점이다.

― 한마디로 말한다면, 성인이 되어라

그라시안이 살던 시대는 정치적으로 혼란스러웠다. 그의 조국은 내리막길이었다. 국부 유출도 심각했다. 스페인은 전쟁을 치르는 데 돈을 물 쓰듯이 써버렸다. 중남미에서 가져온 막대한 양의 금과 은이 영국·네덜란드로 흘러 들어갔다. 그라시안은 스페인을 '유럽의 서인도제도'라고 불렀다.

암울한 시대가 배경이라 더더욱 일부 내용이 마키아벨리적일 수밖에 없었을 것 같다. 예컨대 이런 말들이 나온다. "생각을 지나치게 명료하게 표현하지 말라. 대부분의 사람은 그들이 이해하는 것을 하찮

게 여기고 이해하지 못하는 것을 숭배한다.", "영원히 사랑하지도 미
워하지도 말라. 오늘의 친구들은 마치 그들이 내일의 원수들인 것처
럼 대하라.", "못생긴 얼굴에 익숙해지는 것처럼 친구, 식구, 아는 사
람들의 결점에도 익숙해져라."

그라시안은 예수회 소속 성직자였다. 1619년 예수회에 입회했고
1627년 사제서품을 받았다. 《신탁》에는 신神에 대한 언급이 없다. 하
지만 《신탁》의 마지막 격언은 "한마디로 이야기한다면, 성인聖人이 되
어라"이다. 당시 권력을 쥐고 있는 그리스도교 신자들을 의식해 보험
삼아 한 말일까. 그런 것은 아닌 것 같다. 그라시안은 냉혹한 현실 속
에서 크리스천으로 살아갈 수 있는 법을 제시한다.

그라시안은 "항상 마치 누군가 지켜보고 있는 것처럼 행동하라"고
말한다. 신神이 지켜보고 있다. 신은 아담과 이브의 원죄와 아벨을 죽
인 카인을 지켜보고 있었다. "항상 마치 누군가 지켜보고 있는 것처
럼 행동하라"는 우리 정신문화 전통에 나오는 "홀로 있을 때에도 도
리에 어그러짐이 없도록 몸가짐을 바로 하고 언행을 삼감", 즉 신독愼
獨과 통한다. 냉혹한 현실 속에서 생존하는 길과 유교·그리스도교 수
양의 길은 이처럼 합류한다.

《신탁》에서 눈길을 끄는 점은 특히 완벽함에 대한 강조다. "완벽함
이란 양量이 아니라 질質의 문제"라며 그라시안은 "지나칠 정도로 완
벽함을 추구하라. 그러나 당신이 달성한 완벽함을 남에게 보여줄 때
에는 절제가 필요하다"고 주장했다. 왜 절제가 필요할까. 그는 이렇게

설명한다. "존경받고 싶다면 당신의 깊이를 아무도 모르게 하라. 능력의 한계가 밝혀지면 존경심이 사라진다." 남은 나를 모르게 해도 나는 남에 대해 알아야 한다. 그라시안은 그 방법을 이렇게 제시한다. "어떤 사람의 재능을 판단하려면 그가 무엇을 열망하는지를 살펴보라. 위대한 재능을 만족시키는 것은 오로지 위대한 목표다."

— 상관을 이기는 것은
  어리석거나 치명적이다

《신탁》은 서구 철학뿐만 아니라 대중적인 자기계발서 분야에 막대한 영향을 미쳤다. 프랑스 작가 라로슈푸코(1613~80)의 《잠언과 성찰》(1665년)은 《신탁》의 영향권에서 나왔다. 라로슈푸코가 그라시안을 모방했다고도 볼 수 있다. 《신탁》을 "평생의 동반자"라고 규정한 쇼펜하우어(1788~1860)는 《신탁》을 직접 독일어로 번역했다. 니체(1844~1900)는 "도덕적 미묘함의 문제에 대해 이보다 더 세련되거나 더 복합적으로 서술한 책은 유럽에서 나온 적이 없다"고 극찬했다.

국내에서도 매니어층이 형성된 로버트 그린의 《권력의 법칙(The 48 Laws of Power)》에서 첫 번째 규칙은 "상관보다 더 밝게 빛나지 말라"인데, 이 말은 《신탁》에 다음과 같은 형태로 나온다. "상관을 이기지 말라. 모든 승리는 미움을 낳는다. 상관을 이기는 것은 어리석거나 치명적이다."

《신탁》은 영미권에서 주기적으로 번역됐다. 《세속적 지혜의 기예The Art of Worldly Wisdom》라는 제목으로 나온 여덟 번째 영문판은 1992년 보스턴대 크리스토퍼 모러 교수가 번역했다. 스페인 제국의 쇠퇴가 미국의 쇠퇴 가능성과 오버랩됐기 때문인지 베스트셀러에 올랐다. 펭귄 클래식판은 2011년에 나왔다.

그라시안은 "최신의 것에 집착하지 말라"고 했다. 고전에는 신서를 능가하는 새로움이 있다. 《신탁》에도 신선함이 있다. 그라시안은 이렇게 말했다. "기다리는 방법을 알라. 행운은 기다리는 자에게 더 큰 상을 준다.", "한 줌의 신중함이 한 무더기 영리함보다 낫다." 이런 말들이 신선하게 느껴지는 독자는 《세상을 여는 지혜의 황금열쇠》 등 여러 가지 제목으로 나온 《신탁》의 국문판을 읽어보시라.

그라시안의 작풍은 콘셉티스모conceptismo에 속한다. 우리말로는 주로 '기지주의', '경구 문학'으로 번역된다. 콘셉티스모는 16세기에서 17세기까지 지속된 포르투갈·스페인 문학 운동이다. 말장난, 재치 있는 은유, 쉬운 단어, 단순명쾌함, 다중의미multiple meaning가 특징이다. 주로 풍자작가들의 지지를 받은 문학운동이다.

— 소수와 더불어 생각하고
   다수와 더불어 말하라

발타사르 그라시안 스페인 아라곤 지방의 한 마을에서 의사의 아들로 태어났다. 18세에 예수회에 입회했다. 귀족·장군들의 고해신부였으며 여러 예수회 대학에서 교수·학장으로 일했다. 군종신부로 전쟁의 현장에 간 적도 있다. 글 때문에 예수회로부터 추방될 위기에 여러 번 처했다. 예수회 허가 없이 책을 출간했다는 이유로 '빵과 물만의 식사 bread and water'라는 벌을 받기도 했다. 죽기 얼마 전에는 '종이도 펜도 잉크도 없이' 수감시키겠다는 경고를 받기도 했다. 《신탁》외 다른 저서로는 《정치가》(1640년), 《불평꾼》(1651~1657년) 등이 있다.

그라시안의 무엇이 쇼펜하우어와 니체를 사로잡았을까. 《신탁》의 일부를 소개한다면 다음과 같다. 독자 여러분이 직접 판단해보시라.

- "거절하는 법을 알라."
- "어떤 사람을 영원히 사랑하지도 영원히 미워하지도 말라."
- "소수와 더불어 생각하고 다수와 더불어 말하라."
- "인간의 삶은 다른 인간의 악의와 싸우는 전쟁이다."
- "온 세상과 더불어 미치는 게 나 홀로 지혜로운 것보다 더 좋다."
- "어떤 때는 두 번 째 생각 다음에 행동하고 어떤 때는 첫 충동에 따라 행동하라."
- "지식과 용기는 위대함의 요소다. 지식과 용기는 불멸이기에 불멸을 준다."
- "한번에 약간의 선(善)을 행하되, 자주하라. 되돌려 받을 가능성을 상회하게 주면 절대 안 된다."

- "절대로 잃을 게 없는 사람과 다투지 말라. 그와 다투게 되면 불평등한 분쟁에 휘말리기 때문이다."

- "아무리 작은 악(惡)이라도 얕보지 말라. 악은 절대 혼자 오는 법이 없다. 행운과 마찬가지로 악은 다른 악들과 연계돼 있다."

- "어리석음을 활용하라. 가장 현명한 자는 가끔 어리석음을 카드로 쓴다. 가장 위대한 지혜는 지혜롭지 않게 보이는데 있다."

- "지나치게 비둘기가 되는 것은 좋지 않다. 뱀의 교활함과 비둘기의 정직함을 번갈아 구사하라. 정직한 사람을 속이는 것보다 더 쉬운 것은 없다."

- "현명한 사람은 어리석은 사람이 '결국' 하는 것을 '즉시' 한다. 현자(賢者)건 우자(愚者)건 모두 같은 일을 한다. 단 한가지 차이는 그들이 그 일을 하는 시간이다. 현자는 적시에, 우자는 잘못된 깨에 그 일을 한다."

- "장수의 비밀. 두 가지가 단명의 원인이다. 어리석음과 부도덕함이다. 어떤 이들은 삶을 유지할 지능이 없어서, 어떤 이들은 의지가 없어 그들의 삶을 빼앗긴다. 덕(德)은 그 자체가 보상이요, 악덕은 그 자체가 형벌이다."

아무리 큰 도서관도
세상의 모든 지식과 지혜를 보관할 수 없다.
하지만 지식과 지혜의 핵심은
소책자에 담을 수 있다. 그것이 《신탁》의 정신이다.

함께 있더라도
거리를 두자 ──────────────

칼릴 지브란 《예언자》

먼저 예언자란 무엇일까. 영어 단어 prophet과 profit은 둘 다 '프라 핏'으로 발음된다. prophet은 예언자·선지자·선도자, profit은 이익· 수익·이윤·이득이다. 사람들이 prophet을 따르는 이유는 어떤 profit 때문일까.

영한사전에서 prophet을 찾아보면 예언자, 선지자, 선도자라고 나온다. 표준국어대사전의 뜻풀이는 이렇다. '예언자豫言者: 앞으로 다가올 일을 미리 짐작하여 말하는 사람.' '선지자先知者: 남보다 먼저 깨달아 아는 사람.' '예수 이전에 나타나 예수의 강림과 하나님의 뜻을 예언하던 사람. 대선지자와 소선지자가 있었다.' '선도자先導者: 앞에 서서 인도하는 사람.' prophet이 꼭 미래를 예측하는 것은 아니다. prophet은 이끄는 사람이며, 깨달은 사람이며, 사람들의 신뢰를 얻은 사람이다.

— 고통은 많은 경우
　스스로 선택한 것이다

레바논계 미국 사람인 칼릴 지브란(1883~1931)이 쓴 《The Prophet》 (1923)의 우리말 제목은 《예언자》다. 선지자나 선도자가 더 나은 제목 일 수도 있다. 책의 주인공은 메시지를 전할 뿐 예언하지 않는다.

《예언자》는 26개의 산문시다. 세계 50개 언어로 번역돼 수천만 부 가 팔렸다. 지금도 신간 베스트셀러 못지않게 많이 팔리는 스테디셀 러다. 비평가들의 외면이나 조소의 대상이 된 책이지만, 독자들 입소 문 덕에 '대박'을 쳤다. 출판사는 제대로 광고도 하지 않았다.

《예언자》는 미국 결혼식·장례식에 단골로 등장한다. 비틀스, 존 F 케네디 대통령(1917~1963)을 비롯해 노래 가사, 정치인들 연설에 영향 을 줬다. 《예언자》에 매료된 엘비스 프레슬리는 이 책을 친구들에게 선물했다.

이 책의 성공 비결은 어쩌면 바넘 효과Barnum Effect 덕분이다. 바넘 효 과는 '일반적이고 모호해 모든 사람에게 적용될 수 있는 성격묘사를 특정 개인, 즉 나에게만 적용되는 것으로 받아들이는 심리적 성향'이 다. 《예언자》에 대해 모호하다는 비판도 있다.

《예언자》의 주인공은 알무스타파다. 그는 12년간 오르팰리스 Orphalese라는 가상의 섬에서 살았다. 고향으로 그를 데려갈 배가 항 구에 들어온다. 가지 말라고 울며 그를 가로막는 사람들이 회자정리 會者定離가 불가피함을 깨닫고 그에게 26개 삶의 영역에 관한 질문을 한다.

사랑, 결혼, 아이들, 주는 것, 먹고 마시는 것, 일, 기쁨과 슬픔, 집,

옷, 사고파는 것, 죄와 벌, 법, 자유, 이성과 감정, 고통, 자기를 아는 것, 가르침, 우정, 대화, 시간, 선과 악, 기도, 쾌락, 아름다움, 종교, 죽음에 대해서다.

《예언자》는 3대 일신교인 유대교, 그리스도교, 이슬람교의 진수를 뽑아낸 책이라고 할 수 있다. 그렇지만 종교적 도그마는 없다. 저자 칼릴 지브란은 그리스도교인, 모슬렘, 드루즈인이 갈등하는 환경에서 태어났다. 지브란은 수피, 불교, 바하이교의 영향도 받았다. 영국의 시인·화가 윌리엄 블레이크(1757~1827), 니체(1844~1900)의 영향도 받았다. 한 시리아 신문은 지브란에 관해 "그의 영혼의 반에는 예수가, 다른 반에는 무함마드가 들어 있다"고 표현했다.

칼릴 지브란은 소설 《부러진 날개The Broken Wings》(1912)에서 이렇게 썼다. "신은 '원수를 사랑하라'고 말했다. 나는 순종해 나 자신을 사랑하게 됐다."

어쩌면 베스트셀러의 조건 중 하나는 쉽게 직관적으로 이해할 수 있는 내용과 알쏭달쏭한 반직관적인 내용을 적절히 잘 섞는 것이다. 다음 두 문장은 이해하기 쉽다.

"여러분이 겪는 고통은 많은 경우 스스로 선택한 것이다.", "사랑이 여러분을 부르거든 그를 따르라. 그 길이 힘들고 가파를지라도."

— 함께 있더라도
　거리를 두라

다음 두 문장은 난해하다. "신은 그 자신이 여러분의 입술로 말할 때를 제외하고는 여러분의 말을 듣지 않는다.", "여러분의 집은 더 큰 여러분의 몸이다."

지브란이 설파하는 인생의 지혜는 유교와 멀지 않다. 공자는 오륜五倫 중 하나로 부자유친(父子有親, 아버지와 아들 사이의 도리는 친애에 있음을 이른다)을 꼽았다. 친애親愛는 '친밀히 사랑함'이다. 친밀親密은 '지내는 사이가 매우 친하고 가까움'이다.

서로 사랑하는, 친하고 가까운 사이라고 해서 자신의 생각을 강요할 수 없다. 지브란은 부모-자식 관계를 이렇게 말한다.

"여러분의 아이들은 여러분의 아이들이 아니다. 그들은 스스로를 갈망하는 큰 생명의 아들과 딸들이다. 여러분을 거쳐서 왔으나 여러분으로부터 온 것이 아니다. 또 여러분과 함께 있지만, 여러분의 소유가 아니다. 여러분은 그들에게 사랑을 줄 수 있으나, 여러분의 생각까지 줄 수는 없다. 그들에게는 나름의 생각이 있기 때문이다."

공자는 부부유별(夫婦有別, 남편과 아내 사이의 도리는 서로 침범하지 않음에 있음을 이른다)을 말했다. 남편과 아내는 서로 사랑하는 사이다. 부부유친夫婦有親이라고도 해도 말이 성립한다. 부부유별·부부유친의 문제를 지브란은 이렇게 정리한다.

"함께 있더라도 거리를 두라. 그래서 하늘의 바람이 여러분 사이에서 춤추게 하라. 서로 사랑하라. 그러나 사랑을 굴레로 만들지 말라. 대신 여러분 혼과 혼의 두 기슭 사이에 출렁이는 바다를 놓아두라."

이 책은 두 번의 전성기를 맞았다. 1930년대 대공황 시대에도 잘 팔렸다. 아랍·모슬렘 독자들에게 고향의 향수를 불러일으키는 책이었다. 뿌리가 서부 유럽인 독자들에게는 '동양적 낭만주의Orientalist romanticism'를 맛보게 해줬다. 《예언자》는 아랍세계와 미국을 잇는 구실을 했다. 제2의 전성기인 1960년대에는 뉴에이지 운동이 표방하는 대안 영성의 '바이블'이 됐다. 영적 목마름이 있지만 종교가 부담스러운 이들이 이 책에 열광했다. 지브란은 카운터컬처counterculture의 예언자가 됐다.

지브란은 1883년 레바논에서 태어났다. 당시 레바논은 시리아의 일부였고, 시리아는 오스만제국의 일부였다. 출생지는 베사리Bsharri. '레바논 삼나무'로 유명한 고장이다. 고대 이집트인들은 레바논 삼나무로 배를 만들었고 오스만제국 사람들은 철도를 깔았다.

─ 눈을 감고 주위를 둘러보면
  여러분 앞에 있는 내가 보일 것이다

지브란은 키가 160㎝였다. 마론파Maronites 그리스도교 신자 집안에서 태어났다. 외할아버지는 사제였다. 마론파는 교황의 수위권을 인정한다는 점에서 가톨릭이다. 지브란은 소년 시절, 생각이 많고 잘 웃지 않는 아이였다.

1895년 12살 때 미국으로 이주했다. 아버지는 호두나무 농장주였으나 일하는 것을 별로 좋아하지 않았다. 아버지는 약제상, 세무서 직원으로도 일했는데, 뇌물수수로 감옥에 갇히기도 했다. 도박과 술에 빠진 아버지를 피해, 어머니 카밀라는 아들 둘, 딸 둘을 데리고 친척들이 사는 미국 보스턴으로 이주했다. 어머니는 레이스·리넨 제품 행상으로 생계를 꾸렸다.

술은 지브란에게도 화근이었다. 금주법 시행 시대(1920~1933)에도 방문을 걸어 잠그고 하루 종일 술을 마셨다. 그의 폭음은 《예언자》 집필 당시부터 시작된 것으로 보인다. 아랍 전통주 아라크arak를 마셨다. 알코올중독이 원인이 된 간경변으로 사망했다.

지브란에게 인생 최고의 귀인은 교육개혁운동가 메리 해스켈Mary Haskell이었다. 교장 선생님이었던 해스켈은 자신도 풍족하지 않았지만 1908년 지브란이 파리에서 2년간 그림을 공부할 수 있도록 자금을 지원했다.

지브란과 해스켈의 애정 관계는 불명확하다. 지브란은 그에게 청혼한 적도 있다. 해스켈은 10년이라는 나이 차를 이유로 거절했다. 해스켈 집안이 반대했다는 설도 있다.

《예언자》는 지브란이 20대부터 구상한 작품이다. 직접적으로는 해스켈과 나눈 대화의 결실이다. 해스켈은 지브란의 모든 영어 작품을 편집·수정했다. 12살 때부터 영어를 배우기 시작한 지브란은 완전한 '네이티브'가 아니었기에 해스켈을 《예언자》의 사실상 공저자로 볼 수도 있다. 1926년 해스켈은 다른 남자와 결혼했고, 남편이 잠든 후에 지브란의 원고를 수정했다.

지브란에 대한 해스켈의 확신이 없었다면, 《예언자》는 세상에 나올 수 없었다. 해스켈은 《예언자》에 관해 다음과 같은 예언을 남겼다. "우리가 어두움이나 연약함에 빠졌을 때 우리는 이 책을 열고 다시금 우리 자신과 우리 안에 있는 하늘과 땅을 발견할 것이다."

지브란은 《예수, 사람의 아들》(1928)을 비롯해 17권의 책을 썼다. 700개가 넘는 작품을 남긴 화가이기도 했다. 사실 그는 글쓰기보다는 그림 그리는 데 더 많은 시간을 보냈다. 그는 명사들의 초상화를 많이 남겼다. 압둘 바하(1844~1921, 바하이 신앙의 창시자 바하올라(1817~1892)의 장남), 프랑스의 작곡가 클로드 드뷔시(1862~1918), 아일랜드 작가 윌리엄 버틀러 예이츠(1865~1939), 스위스의 정신의학자·심리학자 카를 융(1875~1961)이 그를 위해 포즈를 취했다.

많은 독자가 《예언자》 속 예언자와 지브란을 분간하지 않았다. 지브란은 컬트cult의 교주였다. 지브란은 아랍어와 영어라는 두 개의 언어, 작가와 화가라는 두 개의 직업 사이에 놓인 인물이었다. 또 그는 예언자이자 속인俗人이었다. 비판을 수용하지 못했다. 사기꾼 기질도 있었다. 힘 있고 돈 많은 귀족 집안에서 태어났다고 거짓말했다. 아마도 그를 깔보는 것을 피하기 위해서였다. 그는 프랑스의 조각가 오귀스트 로댕(1840~1917)이 자신을 '20세기의 윌리엄 블레이크'라고 불렀다고 주장했다. 일각에서는 둘이 만난 적조차 없다고 주장했다.

지브란은 사망할 때까지 원룸에서 살았다. 동생 마리아나에게 재산을, 해스켈에게 원고와 그림을, 고향 마을에 향후 로열티 수익을 남겼다. 평소 소원대로 고향 레바논 마르사키스 수도원에 안치됐는데, 묘지명은 다음과 같다. "나는 여러분처럼 살아 있고 여러분 옆에 서 있다. 눈을 감고 주위를 둘러보면 여러분 앞에 있는 내가 보일 것이다."

가장 사랑하기 힘든 원수는

나 자신이다.

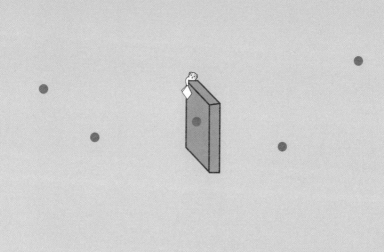

PART

5

**어떻게 스스로
도울 것인가**

단어가 곧
아이디어다 ———————————————————

제임스 웹 영 《아이디어 생산법》

대부분의 책은 좋은 책이다. 나쁜 책은 찾기 힘들다. 물론 허접하다고 할 만한 책도 있지만 그런 경우는 소수다. 책은 우리에게 정보와 영감을 주고 반성을 촉구하며 실천에 필요한 용기를 준다. 영화도 그렇고 그림도 그렇고 음악도 그렇지만, 접할 때마다 느낌이 다른 게 책이다.

제임스 웹 영James Webb Young(1886~1973)의 《아이디어 생산법A Technique for Producing Ideas》(1939)은 영문판 기준으로 48페이지다. 책의 핵심은 한 페이지도 되지 않는다. 한두 시간이면 읽을 수 있는 책이지만 읽을 때마다 새로운 것을 얻는 책이다. 줄을 쳐가며 꼼꼼히 읽어도 한 달 후나 일 년 후에 다시 읽으면 느낌이 새로운 책이다. 모든 책이 어느 정도는 다 그렇지만, 진정으로 그런 책은 많지 않다.

— 배울 때 가장 중요한 두가지는
   원칙과 방법이다

표절하는 게 좋아서 표절하는 사람은 없을 것이다. 그런데도 석·박사 학위논문 표절 시비가 끊이지 않는 원인은 뭘까. 아이디어가 없는 게 문제다. 아이디어가 없으니까 베끼게 된다.

회의 석상에서 아이디어를 내라고 하면, 여러 면에서 둘째 가라면 서러워할 분들이 고개를 푹 숙이는 이유는 뭘까. 역시 아이디어 빈곤이 문제다.

아이디어가 없는 것은 아이디어를 창출하는 원칙과 방법을 모르기 때문이다. 저자는 이렇게 말한다. "모든 기예를 배울 때 배워야 할 중요한 것은 첫째 원칙, 둘째 방법이다"

원칙·방법을 아는 것과 실천하는 것은 다르지만, 《아이디어 생산법》이 일단 원칙과 방법을 제시한다.

제임스 웹 영이 지은 《아이디어 생산법》은 누구나 고대 그리스 철학자·자연과학자 아르키메데스(BC 287년경~기원전 212년경)처럼 인류 역사에서 가장 유명한 외마디 중 하나인 '유레카Eureka(알아냈다)!'를 외칠 수 있는 방법을 제시한다.

— 회사는 제품이 아니라
　아이디어를 판다

책들의 제목에 많은 것, 핵심이 담겨 있다. 이 책의 원제는 'A'로 시작한다. 'The'가 아니다. 유일무이한 아이디어 생산법이 아니라 여러 방법 중 하나라는 겸손이 담겨 있는 제목이다. 하지만 'The'로 시작

해도 좋을 내용이다.

창의성 분야에서 현대의 고전 중 고전인 《아이디어 생산법》의 원래 타깃 독자는 광고 카피라이터다. 하지만 이 책은 다른 분야에도 통용되는 내용이라는 것을 수많은 애독자가 증언한다. 저자는 시인, 화가, 엔지니어, 과학자에게 고맙다는 편지를 받았다. "해보니까 되네요.It works!"라는 편지였다.

제임스 웹 영이 주장하는 아이디어를 둘러싼 대전제를 살펴보자.

첫째, 회사는 소비자에게 제품을 파는 것이 아니라 아이디어를 판다. 현대사회를 지배하는 판매라는 관념은 저항감을 부를 수도 있다. 인류 사회의 도덕적·윤리적 기초를 마련한, 역사의 4대 혹은 5대 성현이 판매를 강조하지 않았기 때문인지도 모른다. 하지만 성현들도 그들의 사회 구상을 성공적으로 팔았기 때문에 우리가 그들을 기억하며 심지어는 그들을 위해 목숨을 바칠 준비가 돼 있다.

둘째, 아이디어는 자동차를 생산하는 것과 마찬가지로 확정된 순서와 규칙에 따라 만들어내는 것이다. 아이디어는 갑자기 마음의 수면 위로 떠오르는 것처럼 보인다. 하지만 아이디어는 우연히 혹은 실수로 태어나는 게 아니다.

자동차 공장 어셈블리 라인에서 자동차가 쏟아져 나오는 것이나 우리 머리에서 아이디어가 나오는 것이나 원리는 같다.

셋째, 아이디어 생산 능력은 훈련으로 증진할 수 있다. 사람 나고 아이디어가 나온 것이지 아이디어 나오고 사람 나온 게 아니다. 사람은 누구나 의지만 있으면 '아이디어 천재'가 될 수 있다. 시멘트와 물, 틀만 무한대로 공급된다면, 또 수요가 있다면 벽돌을 무한대로 찍어 낼 수 있다.

그렇다면 '아이디어 생산의 원칙'이란 무엇인가. 두 가지 원칙이 있다. 저자에 따르면 믿을 수 없을 정도로 간단한 원칙들이다.

첫째 원칙은 "아이디어는 기존 요소들의 새로운 조합에 불과하다"는 것이다. 새것처럼 보이게 하는 비밀·비결은 '조합'에 있다.

《구약》을 보면, "지금 있는 것은 언젠가 있었던 것이요, 지금 생긴 일은 언젠가 있었던 일이라. 하늘 아래 새것이 있을 리 없다"(전도서 1:9)고 했다.

'진짜 새로운 것도 있다'는 반응이 나올 수 있다. 예컨대 스마트폰이 하늘 아래 새로운 것이 아닐까. 하지만 스마트폰만 해도 생각해보면 이미 존재했던 전화, 사진기, TV, 라디오, 컴퓨터를 합쳐 놓은 것이다.

둘째 원칙은 아이디어를 새롭게 조합하는 능력은 기존의 변수와 변수, 팩트와 팩트 사이의 관계를 볼 수 있는 능력에 달렸다는 것이다. 저자는 이렇게 말한다. "오래된 요소를 새롭게 조합하는 능력은 관계를 볼 수 있는 능력에 달렸다."

예컨대 영국 정치학자 스튜어트 엘던은 셰익스피어의 희곡에 나타난 영토의 개념을 연구한다. 국제정치학의 핵심 개념이기도 한 영토와 셰익스피어는 아무런 관계가 없는 것 같지만 관계가 있다.

프랑스 사상가 볼테르(1694~1778)는 "처음으로 미인을 꽃에 비유한 사람은 천재지만, 두 번째 다시 같은 말을 한 인간은 바보다"라고 했다. 꽃과 미인을 처음으로 결합한, 이름을 알 수 없는 그 인물은 제임스 웹 영이 제시한 원리에 충실히 따른 것이다.

아이디어 회의를 준비하는 직장인과 사회과학·자연과학 학자의 공통점은 관계를 발견하기 위해 애써야 한다는 점이다. 학자들은 관계가 있는 종속변수·독립변수를 발견해야 한다. 변수들 간의 관계를 수식으로 정리하고 통계 패키지도 돌린다. 예컨대 시인이나 소설가는 그럴 필요가 없다. 하지만 그들도 동떨어진 것들 사이에서 신비로운 관계를 발견해야 세상에 새로운 것을 내놓을 수 있다.

아이디어 생산법은 5단계로 구성된다. 반드시 1단계, 2단계, 3단계, 4단계, 5단계를 순서대로 거쳐야 한다. 순서를 건너뛸 수 없다. 많은 사람이 1~3단계를 거치지 않고 4, 5단계에서 헤맨다고 영은 지적한다.

― 창의성의 핵심은
   아이디어다

예비 단계라 할 수 있는 게 있다. 단어를 정복하는 것이다. 단어는 '정지해 있는' 아이디어다. 단어를 정복하면 단어 속의 아이디어가 되살아난다. 사전과 친하게 지내라. 저자는 이렇게 말한다. "우리는 단어들이 그 자체가 아이디어라는 것을 잊고 있는 경향이 있다." "단어를 정복하면 아이디어가 되살아나는 경향이 있다."

1단계는 정보·지식·팩트·데이터 같은 원재료raw materials를 수집하는 단계다. 식사에 비유하면 먹을 음식을 모으는 단계다. 자신이 하는 일과 직결되는 구체적인 지식뿐 아니라 일반적인 지식, 자신이 하는 일과 동떨어진 원료를 수집하는 것도 중요하다. 창조적인 사람은 고대 이집트 장례 절차에서 현대예술에 이르기까지 다양한 분야에 관심이 있다.

지식을 모을 때는 메모가 중요하다. 메모는 공책에도 할 수 있다. 저자는 색인카드에 메모할 것을 권한다. 미국 작가 지망생들의 필독서인 《쓰기의 감각Bird by Bird》(1994)의 저자인 앤 라모트도 색인 카드에 각종 정보와 지식, 아이디어를 메모할 것을 권장한다.

2단계는 원재료를 종합하는 단계다. 이제 음식을 씹을 때다. 수집한 원재료를 다양한 각도에서 분석·종합해 원재료와 원재료 사이에서 관계를 찾는 단계다. 이 단계에서는 시험적이고 부분적인 아이디어가 떠오른다. 아직은 진짜 아이디어가 아니다.

2단계에서 퍼즐 조각을 맞추듯 관계를 찾다 보면 머리가 혼란스러운 상태가 된다. 희망이 보이지 않는 가운데 피곤하고 지치게 되면 2단계가 끝난 것이다.

3단계는 아무것도 하지 않는 단계다. 음식을 '소화'하는 단계다. 골

똑히 생각하고 있는 문제를 잊어버려라. 최대한 마음에서 문제를 비워라. 아이디어를 생산하는 작업은 무의식이 수행하게 내버려둔다. 나는 음악을 듣고, 영화를 보고, 시를 읽으면 된다.

4단계는 아이디어가 나오는 단계다. 이 단계에서는 문제에 대해 자나 깨나 항상 생각한다. 뉴턴에게 만유인력의 법칙을 어떻게 발견했는지 묻자 "그것에 대해 항상 생각함으로써"라고 대답했다는 것을 상기하라. 자나 깨나 문제에 대해 생각하면 갑자기 생각이 떠오르는 '유레카'의 순간이 찾아온다. 샤워할 때, 산책할 때 등 도둑처럼 아이디어가 들이닥친다.

5단계는 아이디어를 실용화하는 단계다. 아이디어를 현실 세계에 적용하는 단계다. 이제 아이디어를 알아보는 전문가에게 도움을 청해야 한다. 오히려 이 단계가 가장 괴롭다. 엄청난 인내력이 필요하다. 아이디어만 좋으면 만사형통이라는 생각은 착각이다. 제5단계에서 많은 아이디어가 흐지부지된다. 아이디어를 현실화하려면 다른 사람들의 비판과 같은 의견을 경청해야 한다. 이 단계에서 내 아이디어는 남들의 아이디어와 결합돼 놀라운 속도로 팽창한다.

그런데 아이디어 생산법에는 과학적 근거가 있을까.

제임스 웹 영의 책은 우리말로도 수차례 번역됐다. 최근 《60분 만에 읽었지만 평생 당신 곁을 떠나지 않을 아이디어 생산법》이라는 제목으로 새로이 출간됐다. 새 책에서 과학적 근거에 대해 정재승

KAIST 교수가 한국어판 서문 '정보의 호수에서 아이디어를 건져 올리는 비법'에서 이렇게 말한다.

"몇몇 신경과학자는 기발한 아이디어가 떠오르는 순간 뇌에서 어떤 현상이 벌어지는지 살펴보기 위해 실험 참가자들을 fMRI 안에 눕혀 놓고 발상의 순간을 포착했다. 〔…〕 그 결과, 창의적인 아이디어가 만들어지는 순간, 평소 신경 신호를 주고받지 않던, 굉장히 멀리 떨어져 있던 뇌의 영역들이 서로 신호를 주고받는 현상이 벌어지더라는 것이다. 전두엽과 후두엽이, 측두엽과 두정엽이 서로 신호를 주고받으면서 함께 정보를 처리할 때 창의적인 아이디어들이 나오는 현상을 발견한 것이다."

창의성이 화두인 시대다. 소위 4차 산업혁명 시대나 인공지능 시대에는 수많은 직업이 생기고 또 사라지게 되는데 창의성이 있느냐 없느냐가 일자리를 얻느냐 못 얻느냐를 좌우할 것이다. 자라나는 세대에 가르칠 것 중에서도 가장 중요한 것은 창의성이다. 물론 코딩 교육도 중요하다. 유발 하라리 히브리대 교수는 코딩 교육에 부정적이다. 그는 많은 교육전문가가 주장하는 것처럼 '4C', 즉 '비판적 사고, 소통, 협업, 창의성'을 배우는 가운데, 이 시대에 가장 필요한 자질인 '정신적인 융통성과 감정적인 균형'을 확보해야 한다고 주장한다.

모든 미래 담론에서 창의성은 빠지지 않는다. 창의성의 핵심은 결국 아이디어라는 점에서 《아이디어 생산법》에 눈길을 줄 필요가 있다.

제임스 웹 영은 1886년 1월 20일 미국 켄터키주 커빙턴에서 태어났다. 그는 6학년 때 학교를 그만두고 출판 비즈니스에서 일하기 시작했다. 승승장구했다. 22세에 광고 매니저가 됐다. 미국 광고계의 전설이다. 미 광고협의회 초대 회장을 지냈다. 시카고 비즈니스 스쿨 교수(1931~1939)로서 비즈니스 역사와 광고를 가르쳤다.

"아이디어는 기존 요소들의
새로운 조합에 불과하다."

미루기가
나쁜 것만은 아니다 ─────────

존 페리《미루기의 기술》

호감과 친근감은 비즈니스에서 매우 중요하다. 신뢰 못지않게 비즈니스에서 주요 성공 요인으로 꼽힌다. 최고경영자^{CEO}의 사무실 책장에 꽂힌 책 한 권이 비즈니스 파트너와의 협상을 술술 풀리게 만들 수도 있다. '당신도 이 책 읽었군요!', '제가 제일 좋아하는 책 중 하나입니다'라고 서로 주고받으며 말이다.

《미루기의 기술》 같은 책은 어떤 반응을 부를까. '이 사람 혹시 미루는 버릇이 있는 게으른 사람 아냐? 같이 사업하면 안 되겠네!'라고 상대편이 속으로 생각하게 만들까. 그럴 수도 있다. 동병상련同病相憐으로 호감도가 급상승할 수도 있다.

'CEO procrastination'을 구글 검색창에 쳐보면 검색 결과가 182만 개나 나온다. 그만큼 미루는 버릇으로 고생하는 CEO가 많다. 좋은 소식이 있다. 미루기가 불치不治의 습관이라고 해도 꼭 나쁜 것은 아니라는 것이다. 미루기에도 '불구하고'가 아니라 미루기 '덕분에' 역사 속에서 빛나는 인물이 꽤 된다.

빌 클린턴 제42대 미국 대통령도 레오나르도 다빈치, 빅토르 위고, 성 아우구스티누스 등과 더불어 역사상 가장 유명한 '미루기의 달인' 중 한 명이다. 클린턴은 연설 몇 분 전에 원고를 완성하는 등 미루는 버릇이 심각했다. 앨 고어 부통령이 그를 '시한時限 장애인 punctually challenged'이라고 표현할 정도였다.

— 하기 싫은 일이 있다면
딱 5분만 해보자

미국에서는 '미루기'를 상당히 중요한 개인·사회 현상으로 다룬다. 잘 미루는 사람은 스트레스나 죄책감에 시달리기 때문에 그 고통을 덜어줘야 한다고 본다. 미루는 버릇이 심한 경우에는 상담 치료를 받기도 한다. CEO나 사원들의 미루기 버릇은 사업 실패의 주된 원인으로 지목되기도 한다. 심리학이나 뇌의학에서도 연구 주제로 다룬다.

캐나다 캘거리대 피어스 스틸(심리학) 교수가 2만4000명을 대상으로 연구한 결과에 따르면, 자신이 가끔씩이라도 미루기 문제가 있다고 응답한 사람은 95%였다. 만성chronic 미루기로 고생하는 사람은 25%였다. 미루는 버릇이 특히 문제가 되는 경우는 대학에서다. 연구 조사 결과에 따르면 북미 대학생 중 50~75%가량은 자신에게 미루는 버릇이 있다고 응답한다. 그들은 미루는 버릇 때문에 시험 준비, 과제물 제출, 졸업에 상당한 어려움을 겪고 있다.

미루는 버릇의 원인은 무엇일까. '게을러서 그런 거지 뭐 별다른 이유가 있겠어'라는 반응에도 일리가 있다. 안 그런 경우도 많다. 학문이 발전하면서 미루는 버릇이 있는 사람들도 사회적으로 훨씬 따뜻한 대접을 받게 됐다. 심리학자들은 스트레스를 피하려는 심리, 실패에 대한 두려움, 완벽주의, 자신감 결여 등을 미루는 버릇의 심리적 요인으로 파악한다. 전두엽 이상과 관련이 있다는 연구 결과도 나왔다.

'할 일 목록to-do list' 활용 등 미루기 대처법이 많다. 미루기 퇴치를 약속하는 앱도 많이 나왔다. 많은 사람이 효험을 본 미루기 해결 솔루션으로 '5분 규칙'이 있다. 인스타그램의 공동 창립자 중 한 명인 케빈 시스트롬은 5분 규칙을 다음과 같이 설명한다. "뭔가 하기 싫은 일이 있다면 그 일을 적어도 5분 동안 한다고 여러분 자신과 딜deal을 하라. 5분이 지나면 여러분은 결국 그 일 전체를 하게 된다."

간단해 보이는 5분 규칙이 의외로 잘 먹히는 이유는 '미완성 효과'라고도 불리는 '자이가르닉 효과Zeigarnik effect' 때문인 것으로 알려졌다. 메리엄웹스터 사전은 다음과 같이 자이가르닉 효과를 정의한다. "완료한 일보다 완료하지 않은 일을 기억하는 심리적인 성향"하다 만 일을 뇌리에서 빼내는 게 힘들기 때문에, 그래서 괴롭기 때문에 그 일을 결국 다하게 된다는 뜻이다. '시작이 반이다.'라는 말도 결국 5분 규칙, 자이가르닉 효과와 밀접하다.

《미루기의 기술》의 저자인 존 페리(76) 스탠퍼드대 명예교수는 100편이 넘는 논문과 단행본을 펴낸 철학자다. 언어철학·심리철학 등의 분야에서 알아주는 학자다. 그는 《개인의 동일성과 불멸성에 관한 대화》(1978), 《선, 악, 신의 존재에 관한 대화》(1999), 《참고와 성찰》(2001)

과 같은 '무시무시'해 보이는 주제의 책을 썼다. 스탠퍼드대학에서 40년 동안 가르치는 일을 했다. 하지만 그도 평생 미루는 버릇 때문에 고민이 많았다. 그는 1995년 '구조화된 미루기Structured Procrastination'라는 에세이를 온라인에 올렸다. 반응이 좋았다. "삶이 바뀌었다"는 감사 편지도 받았다.

이 에세이를 단행본《미루기의 기술The Art of Procrastination》로 출간한 것은 한참 뒤인 2012년이다. 영문판 92페이지, 국문판 178페이지인 얇은 책이지만 17년이 걸린 것이다. 이 책 자체가 페리 교수에게 미루는 버릇이 있다는 증거다.

― 미루기도
체계적, 구조적으로

페리 교수가 오해를 피하고 확실하게 해두려는 것이 있다. 그가 미루기가 좋다고 주장하는 것은 아니라는 것이다. 명백히 미루기는 결함이라는 것. 하지만 미루기 버릇이 고쳐지기 전까지는 어떻게 해야 할까. 세상 뜰 때까지 미루기에서 해방될 수 없다면 어떻게 해야 할까.

《미루기의 기술》이라는 이 책 제목에 주목할 필요가 있다. '미루기 극복'이나 '미루기 탈출'이 아니다. 페리 교수는 미루기에서 해방될 수 있다고 달콤하게 약속하는 게 아니다. 바뀔 가능성도 있지만 대부분의 미루기쟁이는 평생 변하지 않을 것이라고 페리 교수는 예상한다. 대신 그는 대체적으로 '나쁜' 미루기를 '일부' 긍정적으로 볼 필요도 있다고 역설한다.

우선 죄의식에서 벗어나야 한다. 미루기에는 나쁜 점만 있는 것은 아니다. 미루는 사람은 결코 게으름쟁이가 아니다. 아무것도 안 하면서 미루기 버릇이 있는 사람은 없다. 그들도 항상 뭔가 하고 있다. 페리 교수는 '미루는 버릇'이 있는 사람들도 충분히 많은 성과를 내고 존경받는 인간이 될 수 있다고 지적한다.

페리 교수가 제안하는 것은 '구조화된 미루기, 체계적인 미루기'다. 할 일을 하지 않고 미룰 때도 시간을 조직적·계획적으로 관리하며 활동을 의식적으로 통제한다는 것이다. 그는 사람들이 뭔가를 미룰 때 아무것도 안 하는 게 아니라 뭔가 '딴짓'을 한다는 점에 착안했다. 딴짓의 질質을 높이자는 구상이다. 페리 교수는 "시간을 허비하지는 말자"고 제안한다. 미루고자 하는 일 대신 화장실 청소, 빨래, 잔디 깎기 등 무엇이든지 유용한 일을 하자는 것이다.

미루는 버릇을 없애려면 할 일을 줄이라는 게 상식이다. 페리 교수는 반대로 '할 일을 늘려야 한다'고 주장한다. 예컨대 데드라인이 공포스러운 속도로 다가오는 시급한 일이 있다고 하자. 내일이 시험이거나 원고를 출판사에 보내야 한다(그럼에도 불구하고 딴짓을 하는 '강심장' 사람들이 있다). 그런 경우에는 마음에 트릭을 써야 한다. 이런 식의 '자기기만'이 필요하다. "우크라이나 사태가 시급하다. 당장 우크라이나 역사에 대한 책을 한 권 읽기 시작하고 우크라이나 말을 공부해야 한다." 믿거나 말거나 이렇게 마음을 속이면 당장 시험공부, 원고 쓰기에 착수할 수 있다는 게 페리 교수의 주장이다.

《미루기의 기술》은 페리 교수 자신의 체험에서 나왔다. 젊은 시절 그는 강의 준비는 뒤로 미루고 학생회관에서 학생들과 탁구 치고 대화하는 것을 즐겼다. 덕분에 그는 학생들을 이해하고 가까워지려고 노력하는 교수라는 긍정적인 평가를 받았다.

페리 교수는 미루는 사람과 미루지 않는 사람은 정리 정돈법도 달라야 한다고 말한다. 화성에서 온 남성과 금성에서 온 여성이 사랑에 대한 생각이 다르듯이, 미루는 재주, 혹은 저주가 있느냐 없느냐에 따라 사람은 속속들이 다르다. 페리 교수는 미루는 사람은 서류함·파일 정돈보다는 큰 책상에 할 일과 관련된 자료를 펼쳐놓는 게 더 낫다고 주장한다.

— 무엇보다
인생을 즐기자

페리 교수는 자신의 주장을 널리 전파하기 위해 손녀의 도움을 받아 웹사이트 www.structuredprocrastination.com 를 개설했다.

토머스 제퍼슨(1743~1826) 제3대 미국 대통령은 "오늘 할 수 있는 일을 절대로 내일로 미루지 말라"고 했다. 미국 작가 나폴리언 힐 (1883~1970)은 "미루기는 그저께까지 했어야 할 일을 모레로 미루는 나쁜 버릇이다."라고 했다. 영국 극작가·시인 에드워드 영(1683~1765)은 "미루기는 시간 도둑이다"라고 말했다.

유머와 사회 풍자로 유명한 미국 소설가 마크 트웨인(1835~1910)은 이렇게 말했다. "모레 할 수 있는 일을 내일로 미루지 말라." 페리 교수는 이렇게 말한다. "내일이면 사라질 일은 절대 오늘 하지 마라."

제퍼슨·힐·영의 말은 미루기 버릇이 있는 사람들이 경청해야 한다. 트웨인과 페리의 말을 들어야 할 사람들도 있다. 뭐든지 지나치게 미리미리 빨리빨리 하는 버릇이 있는 사람들이다. 남들은 뭐든지 빨리 해내는 이런 유형의 사람을 부러워한다. 하지만 미루는 사람 못지 않게 미리미리 해내는 이런 사람들도 남모를 고민이 많다.

심각한 미루기 못지않게 그 반대도 문제라는 것을 인지한 리버사이드 캘리포니아대 심리학과의 데이비드 로전봄 교수와 동료 학자들이 2014년 '프리크래스티네이션precrastination(미리 하기)'이라는 학술 신조어를 만들었다.

페리 교수의 미루기 연구는 2011년 '이그 노벨상Ig Nobel Prize'을 받았다. 문학상 분야에서다. '이그 노벨상'은 노벨상을 패러디해 만든 상이다. '이그 노벨상' 웹사이트는 다음과 같이 상의 취지를 설명한다. "이그 노벨상은 처음에는 사람들을 웃게 만들지만 그 다음에는 생각하게 만드는 업적을 기린다."

미국에서는 '미루기'와 '미리 하기'를 학문적으로 연구한다는 것을 우리는 어떻게 받아들여야 할까. '참 실 없는 사람들이네', '할 일 참 없는가 보다', '학자 수가 너무 많은가 보다'라는 생각도 들 수 있다. 하지만 '미루기'와 '미리 하기'로 고생하는 사람이 많은 게 사실이고 그들의 고민을 해소해야 한다면 학계가 나서는 게 옳다.

페리 교수는 1943년 미국 네브래스카주 링컨에서 태어났다. 미국 철학회 회장을 지냈고, 돈칼리지Doane College(학사)와 코넬대(박사)에서 철학을 공부했다. 그의 전공 분야는 논리학·언어철학·형이상학·심리철학이다. 《미루기의 기술》은 "무엇보다 인생을 즐겨라"로 끝난다. '미루기'건 '미리 하기'건 모든 것이 다 인생을 위한 것 아니겠는가.

미루기가 영원히 고칠 수 없는 버릇이라면,
미루기에도 불구하고 나름 행복하고 좋은 성과를 내는
나만의 길을 찾자.

협상은 부드럽게,
비록 상대가 극악무도할지라도 ────────

윌리엄 유리 《YES를 이끌어내는 협상법》

우리는 떠밀리듯 협상가가 된다. 협상은 아무래도 골치 아프다. 가능하면 협상할 필요조차 없이 이심전심으로 가정·회사·사회·국가가 운영되는 게 가장 좋을 텐데. 하지만 협상은 인간 조건에서 중요한 자리를 차지한다.

— 아이를 학교 보내는 데도
   협상은 필요하다

미국 영화배우 메릴 스트립은 이렇게 말했다. "가정을 꾸려나가는 데는 로드맵이 없다. 항상 힘겨운 협상이 필요하다." 협상이라고 특별한 게 아니다. 노사협상이나 임금협상, 국제정치 협상, 국제경제 협상만 협상인 것은 아니다. 학교 가지 않겠다고 떼쓰는 아이를 학교 가게 만드는 법은? 남편을 금주·금연으로 이끄는 법은? 이것들 모두가 협상이다.

높은 연봉을 받고 고속 승진을 하는 것도 일만 열심히 한다고 되는 게 아니다. 협상도 필요하다. "비즈니스에서는 여러분의 값어치만큼 얻는 게 아니라 여러분이 협상한 만큼 얻는다." 협상 전문가 체스터 L 캐러스가 한 말이다.

알고 보면 수십 가지에 달하는 협상 전략이 평범한 일상 속에서 구사된다. '싫으면 말고'라는 것도 협상적 표현이다. '가져가든지 말든지'는 전략에 해당한다. '너 죽고 나 죽자'라는 식으로 덤비는 것도 '확실한 공멸mutually assured destruction, MAD' 협상 기법이다.

이렇게 우리는 알게 모르게 인생의 상당 부분을 협상으로 허비한다. 법률가들도 사실은 법정보다는 협상하는 자리에서 더 많은 시간을 보낸다고 한다. 따라서 《YES를 이끌어내는 협상법Getting to Yes》(이하 《YES》, 1981, 1991, 2011)이 하버드대 비즈니스스쿨이 아니라 로스쿨의 '하버드 협상 프로젝트Harvard Negotiation Project(1979년 창립)'의 산물이라는 것은 우연이 아니다.

협상술에 대해서는 수많은 책이 나와 있다. 기법을 중심으로 협상을 정리한 책도 있고, 학술 이론을 중심으로 정리한 책도 있다. 그중 딱 한 권 읽는다면 단연 협상학의 고전 중 고전인 《YES》가 최고다. 한마디로 표현한다면 《YES》는 혁명적인 책이다. 특히 비즈니스에서 '윈윈' 협상 전략의 이론적인 토대를 마련했다. 《YES》로 협상의 전후가 달라졌다.

《YES》의 대전제는, 어떤 경우에도 당사자들이 모두 만족하는 '윈윈' 협상 결과를 이끌어낼 수 있다는 것이다. 협상 세계의 현실주의에서 이상주의를 솜씨 있게 첨가했다. "이상으로 시작해 서로에게 이득이 되는 합의로 마무리하라." 독일 기업인 카를 알브레히트가 한 말이다. 《YES》는 이 말에 충실하다.

《YES》 이전에 협상의 목표는 호혜성에 따라 서로 주고받는 것이었다. 특히 최대한 적게 주고, 최대한 많이 받는 게 중요했다. 전문용어로 표현하면 '조파ZOPA'를 파악해야 한다.

리 톰프슨 노스웨스턴대 교수는 ZOPA를 이렇게 정의한다. "ZOPA, 즉 '합의 가능 영역'은 사는 사람이 지불할 의사가 있는 최고치와 파는 사람이 수용할 의사가 있는 최저치 사이의 겹치는 부분을 표현한다." ZOPA는 《YES》가 뛰어넘으려고 하는 입장position 중심의 구식 협상 원칙이다.

─ 협상에서 중요한 것은
입장이 아니라 이익이다

《YES》에 따르면 협상의 본질을 잘 모르고 협상에 임하는 사람들은 지나치게 상대편이나 당면 문제에 대해 딱딱하거나hard 부드러운soft 입장 쪽으로 편향돼 있다. '한 치의 양보도 할 수 없다' 아니면 반대로 '웬만하면 요구를 다 들어주겠다'는 식이다. 잘못된 접근이다. 《YES》는 상대편 사람에는 '소프트'하게, 협상 사안에는 '하드'하게 접근할 것을 주장한다. 상대편이 아무리 극악무도하다고 해도 그들을 부드럽게 대해야 한다. 상대편이 천사라고 해도 문제에 대해서는 깐깐하게 따져야 한다. 이처럼 사람과 협상의 목표를 분리하는 것을 《YES》는 '원칙 있는 협상'이라고 부른다.

《YES》에 따르면, 협상에서 가장 중요한 것은 협상 당사자들의 입장이 아니라 이익이다. 이익에 대해 《YES》는 이렇게 말한다. "가장 강력한 이익은 인간의 기본 욕구다." 입장과 이익을 분리해야 양쪽 모두를 만족시키는 제3의 솔루션을 창의적으로 찾을 수 있다. 입장에는 아무래도 감정이 개입돼 있을 수 있다. 상대편에 대한 편견·감정에서 자유로워지려면 객관적인 기준을 함께 세워야 한다.

협상을 어렵게 하는 문제 중 하나는, 상대편에 비해 이쪽의 힘이나 물질적 기반이 취약한 것이다. 그런 경우 상대편에 휘둘리기 쉽다. 끌려가지 않으려면 협상 중단 가능성을 염두에 둬야 한다. 배짱이 필요하다. 이를 위해 필요한 것은 우리 측의 '협상에 대한 최선의 대안', 즉 '배트나 BATNA, best alternative to negotiating an agreement'를 설정해야 한다. 협상을 안 해도 될만한 뭔가 있을지 모른다. 대안이 없으면 배짱은 허세다. 《YES》는 BATNA를 정립한 책으로 유명하다.

좋은 협상이란 무엇일까. 《YES》는 다음과 같이 정의한다. "모든 협상법은 세 가지 기준으로 공정하게 평가될 수 있다. 합의가 가능하다면, 협상은 현명한 합의를 도출해야 한다. 협상법은 효율적이어야 한다. 또 협상법은 양자 간의 관계를 개선하거나 적어도 관계를 손상시키지 않아야 한다"

— 가장 중요한 스킬은
  상대의 입장에서 상황을 보는 것

《YES》는 '원칙 있는 협상'의 방법으로 '사람과 문제를 분리하라', '입장이 아니라 이익에 집중하라', '공동 이득을 위한 옵션을 창출하라', '객관적인 기준의 사용을 고집하라', '여러분의 BATNA'를 제시한다. 하지만《YES》에서 가장 중요한 것은 이해에 대한 강조다.

《YES》는 이해에 대해 이렇게 말한다. "상황을 상대편의 관점에서 보는 능력은 어렵지만, 협상가에게 가장 중요한 스킬 중 하나다." "사람들은 여러분이 그들을 이해한다고 느낄 때 여러분의 말을 더 경청한다. 그들은 그들을 이해하는 사람들이 똑똑하고 공감력 있는 사람이라고 생각하는 경향이 있다. 그들은 공감력이 있는 사람들의 의견은 들어볼 만한 가치가 있다고 생각한다. 상대편이 여러분의 이익을 존중하기를 바란다면, 우선 여러분이 그들의 이익을 존중한다는 것을 입증하라."

협상 대상이 극단적으로 터프한 협상형 인간인 경우 온갖 꼼수를 다 부릴지 모른다. 자기가 아는 모든 협상 기법을 하나하나 다 써먹으려 할지 모른다. 힘으로 누르려고 할지 모른다. "상냥한 말만으로는 부족하다. 상냥한 말에 총칼이 덧붙여졌을 때 훨씬 더 멀리 갈 수 있다." 미국의 조폭 우두머리 알 카포네(1899~1947)가 한 말이다. 짐짓 화난 척할지도 모른다. "분노는 효과적인 협상 도구가 될 수 있다.

분노가 나를 화나게 하는 상대방에 대한 반응이 아니라 계산된 행동일 때에만 그렇다." 미국 작가 기업인 마크 매코맥(1930~2003)이 한 말이다.

꼼수에는 꼼수로 맞서야 할까. 하지만 《YES》가 표방하는 꼼수 대처법은 좀 다르다. 우선 상대편 꼼수를 알아차려야 한다. 그런 다음 상대편에 이쪽이 꼼수를 인지하고 있다는 것을 알려야 한다.

《YES》는 유교나 불교 전통과 상통하는 책이기도 하다. 마음 공부와 극기를 중시한다. 《YES》는 이렇게 말한다. "협상은 영향력에 대한 것이다. 우리는 타인의 마음을 바꾸려고 시도한다. 우리가 우선 우리에게 영향을 미칠 수 없다면, 어떻게 다른 사람의 마음을 바꿀 수 있다고 기대할 수 있겠는가. 협상은 오직 극기로 시작한다."

《YES》의 저자는 로저 피셔(1922~2012), 윌리엄 유리, 브루스 패튼이다. 이 세 사람은 '하버드 협상 프로젝트'의 공동 설립자다. 피셔는 하버드대 로스쿨 교수(1958~1992)였다. 일리노이주에서 자란 그는 제2차 세계대전 때 공군으로 참전했다. 1981년에는 미국·이란 정부의 조언자로서 이란에 인질로 잡힌 미국인들의 석방에 기여했다. 역시 하버드대 로스쿨 교수인 유리는 예일대와 하버드대에서 사회인류학을 전공했다. 유리 교수는 《고집불통의 NO를 YES로 바꾸는 협상 전략Getting Past No: Negotiating with Difficult People》(1993)에서 《YES》에 대한 비판에 응답했다.

피셔 교수는 1981년 3월 '핵과학자 회보Bulletin of the Atomic Scientists'에 황

당한 주장을 펼친 논문을 실었다. 미국 대통령의 핵 미사일 발사에 대한 것이었다. 발사에 필요한 코드를 캡슐에 넣어 자원봉사자의 심장 부근에 심는다. 자원봉사자는 자신을 죽일 수도 있는 칼을 항상 소지해야 한다. 미사일을 발사하려면 우선 그 자원봉사자를 대통령이 칼로 직접 죽여야 한다. 아무런 죄가 없는 한 인간을 죽임으로써 핵무기가 초래할 수많은 무고한 인명의 죽음을 먼저 생각하게 만든다는 제안이다.

처음 접했을 때는 이상한 주장이지만, 깊이 생각하면 공감이 간다. 《YES》가 중시하는 기본 욕구 중에 생명보다 더 소중한 것은 없다. 협상은 생존과 번영이라는 이익을 위해 필요하다. 이익 중에서도 가장 중요한 것은 생명이다. 《YES》는 협상 당사자들이 적수가 아니라 파트너로서 협상에 임해야 한다고 주장한다. 파트너는 '같은 편'이다. 《YES》는 양쪽 협상가들이 같은 편으로서 브레인스토밍brainstorming을 해야 한다고 주문한다. 브레인스토밍의 원칙 중 하나는 모든 아이디어를 비판하지 않고 일단 테이블 위에 올려놓는 것이다. 피셔 교수가 제시한 '황당한' 주장 같은 것까지 말이다.

협상을 아는 만큼 당하지 않고,
협상을 잘하는 만큼 많이 얻는다.

무엇을 어떻게 알릴 것인가
홍보의 정석 ——————————————————

에드워드 버네이스 《프로파간다》

PR이란 무엇인가? 만약 홍보 전문가라면 한번쯤 이런 농담도 들어본 적 있을 것이다. '피(P)할 것은 피하고 알(R)릴 것은 알리는 게 PR이다.' 무엇을 어떻게 알릴 것인가에 대한 고전인 《프로파간다》는 PR 전문가와 문외한에게 PR에 대해 생각해볼 기회를 선사한다.

광장히 중요한 인물이나 저작물인데도 대중의 뇌리에서 적어도 한동안 사라지는 경우가 있다. '홍보의 아버지'라 불리는 에드워드 버네이스(1891~1995)와 그의 저서인 《프로파간다》(1928)가 그런 경우다. 사실 상당수 역사적인 인물과 고전은 유행을 탄다. 심지어는 예수·부처·공자 같이 인류의 문명과 역사를 만든 인물도 시공에 따라 상대적인 부침을 겪는다.

인물이나 고전과 마찬가지로 단어에도 주기週期가 있다. 프로파간다도 주기를 피할 수 없었다. 우리 표준국어대사전은 프로파간다를 이렇게 정의한다. "어떤 것의 존재나 효능 또는 주장 따위를 남에게 설명하여 동의를 구하는 일이나 활동. 주로 사상이나 교의 따위의 선전을 이른다." 이 정의에 따르면, 프로파간다는 나쁜 말도 좋은 말도 아니다. 원래 프로파간다는 오히려 좋은 말에 가까웠다. 프랑스어 프로파강드Propagande는 교황청의 포교성성布敎聖省을 지칭한다.

243

— 우리가 모르는 사람들이
우리를 통치한다

주기에는 짧은 주기와 긴 주기가 있다. 프로파간다는 아직도 인상이 별로 좋지 않다. 프로파간다는 특히 나치나 공산주의를 연상시킨다. 원래는 대체적으로 중립적인 이 단어를 부정의 늪에 빠트린 것은 제1, 2차 세계대전이다. 대중의 마음 속에 '프로파간다=전쟁'라는 공식이 자리잡았다.

그럼에도 불구하고 버네이스는 1928년에 출간한 책 제목을 《프로파간다》로 정했다. 속셈이 있었을 수도 있다. 논란을 불러 일으켜 베스트셀러 한번 만들어보자는 꼼수 말이다. 그런데 《프로파간다》는 베스트셀러·스테디셀러가 됐지만, 초대형 대박은 아니었다. 이상하게도 별다른 논란 없이 지나갔다.

90여년 전에 발간된 책이지만, 《프로파간다》는 오늘 읽어도 생명력을 느낄 수 있다. 그 동안 홍보의 세계는 많이 변했지만, 구조적으로는 별로 변한 게 없다는 것을 알 수 있다.

《프로파간다》에서 버네이스는 프로파간다를 홍보의 동의어로 사용한다. 버네이스는 홍보를 '동의의 공학'이라 표현하기도 했다.

버네이스는 홍보의 이론과 실제, 홍보의 기예와 과학을 접목한 인물로 평가받고 있다. 특히 그는 사회심리학자 귀스타브 르 봉(1841~1931)의 군중심리론과 프로이트의 정신분석학을 홍보에 도입했다.

《프로파간다》는 이렇게 시작한다. "대중의 조직화된 습관과 의견에 대한 의식적이고 지성적인 조작은, 민주주의 사회에서 중요한 요소다. 보이지 않는 사회 메커니즘을 조작하는 사람들이 보이지 않는 정부를 구성한다. 보이지 않는 정부가 우리나라의 진정한 통치 권력이다." "우리가 대체로 들어본 적이 없는 사람들이 우리를 통치하고, 우리 생각을 주조하고, 우리 취향을 형성하고, 우리에게 아이디어를 제안한다."

《프로파간다》를 제대로 이해하려면 정치와 비즈니스와 홍보가 이루는 3각 관계를 알아야 한다. 버네이스는 이렇게 말했다. "정치는 미국 미국 최초의 '대형 비즈니스'였다. 비즈니스는 정치로부터 배워야 할 것을 모두 배웠다. 하지만 정치는 아이디어와 상품의 대량 분배를 위한 비즈니스의 방법을 배우는데 대체로 실패했다." 90여년이 흐르는 가운데 정치는 비즈니스의 방법, 특히 홍보방법을 소화했다. 그렇게 본다면, 버네이스의 주장 중 이 대목은 수정이 필요하다.

사진 전문지 〈라이프〉는 1990년 가을 특별호에서 '가장 중요한 20세기 미국인 100인'에 버네이스를 포함시켰다. 그렇다면 버네이스는 어떤 인물일까. 1892년 오스트리아에서 미국으로 이민 온 유대인 가정에서 태어났다. 1912년 코넬대 농대를 졸업하고 신문업계로 투신했다. 도리스 플라이시먼(1891~1980)과 1922년 결혼했다. 플라이시먼은 결혼 전 성last name을 고수한 페미니스트였다. 미국 최초로 남편의 성을 쓰지 않은 여권을 발부 받은 여성이다. 나중에 생각이 바뀌어 결국 남편 성을 따랐다.

— 소비자가 필요한 것 말고
   바라는 것을 팔자

20세기 초는 애국심의 시대였다. 제1차 세계대전이 발발하자 유럽 각국 젊은이들은 앞다투어 입대했다. 그들이 두려워한 것은 죽음이 아니라 전쟁이 너무 일찍 끝나 조국을 위해 참전하지 못하는 것이었다. 버네이스 또한 입대를 시도했지만, 신체조건 때문에 불합격했다. 대신 미국 연방정부 기관인 공공정보위원회CPI에서 일했다. 정부의 모든 홍보를 담당하는 기관이었다. CPI에서 버네이스는 프로파간다의 힘을 목격했다. 전쟁에 통하는 홍보전략은 평화 시에도 통할 것이라고 생각했다. 그의 예상은 들어맞았다.

버네이스는 기업이 홍보를 통해 단지 소비자에게 필요한 것이 아니라 소비자가 바라는 것을 팔아야 한다고 생각했다. 물론 '소비자가 바라는 것은 사실, 기업이 팔기를 바라는 것 아닌가'하는 반론이 제기될 수 있다.

버네이스는 홍보를 위해 오피니언리더, 명사, 전문가를 동원했다. 그들의 멘트를 따서 홍보전에 적극 활용했다. 제품 판촉에 유리한 연구결과, 보고서, 여론조사가 신문·잡지 등 매체가 보도하도록 유도

했다. 또 화려한 고객을 확보했다. 4명의 미국 대통령, 토머스 에디슨, 헨리 포드, 아메리칸 타바코 컴퍼니ATC, 제너럴일렉트릭GE, CBS 등등.

업적이 화려했다. 그는 판매를 위해 사람들의 관념 자체를 바꾸고 아예 환경을 바꾸어가며 소비자들을 포위했다. 버네이스는 미국 남성들이 회중시계 대신 손목시계를 차게 만들었다. 당시만 해도 손목시계는 여성이 차는 팔찌를 연상시켰다. 그는 '손목시계야 말로 남성적이다'라는 새로운 관념으로 남성들의 욕구를 파고들었다. 피아노를 팔아야 할 때에는 상류 사회에 음악실을 유행시켰다. 음악실에 들어가야 할 피아노가 자연스럽게 많이 팔리게 만들었다.

《프로파간다》의 후반부는 홍보 기법을 활용해 여성의 권리, 교육, 사회사업, 예술, 과학을 증진 사례를 담고 있다. 그는 또 자선사업에도 열심이었다. 하지만 버네이스는 몇 가지 오점도 남겼다. 1920년대 말 1930년대에는 담배회사의 의뢰를 받고 여성 흡연을 활성화했다. (정작 집에서는 아내로 하여금 담배를 끊으라고 권유했다.) 페미니스트들의 도움을 받아 1929년 뉴욕 부활절 퍼레이드에 담배 피는 여성들을 등장시켰다. 당시 페미니스트들에게 담배는 자유의 횃불이었다. 여성 흡연 캠페인은 버네이스 커리어와 인생의 오점이었다. 그는 나중에 금연 운동에 동참했다.

— 프로파간다는
더 많은 프로파간다로 맞선다

또 다른 오점은 민주적으로 선출된 과테말라 정부를 쿠데타로 붕괴시키는 데 '보이지 않는 정부'로서 참여한 것이다.

그는 하코보 아르벤스 대통령(1913~1971, 1951~1954재임)을 사회주의자로 몰았다. 아르벤스 대통령은 농지개혁과 노동법 개정을 구상했다. 이승만 대통령은 농지개혁을 단행했으며 노동관계법 제정을 위해 헌신한 전진한(1901~1972)을 대한민국 정부 초대 사회부장관에 임명했다. 이승만 대통령이 사회주의자가 아니라면, 아르벤스 대통령 또한 사회주의자가 아니었다.

과테말라 농지개혁과 노동법 개정은 미국 회사인 유나이티드 프루트 컴퍼니에 큰 타격을 입힐 참이었다. 버네이스는 아르벤스 대통령을 공산주의자로 모는 기사가 언론에 실리도록 유도했다. 1954년 중앙정보국CIA이 후원한 쿠데타가 결국 아르벤스를 몰아냈다.

일회용컵 사용 캠페인을 한 것도 21세기 기준으로는 오점이었다. 버네이스는 일회용컵이 제일 위생적이라는 프로파간다를 유포했다.

그에 대한 평판은 극명하게 갈렸다. 그는 프로이트의 친조카 겸 처조카였는데 젊었을 때 특히 이것을 적극 자랑하며 잘난 척하는 성향이 있었다고 한다. 버네이스의 어머니는 프로이트의 여동생, 버네이스의 아버지는 프로이트의 아내인 마르타의 오빠였다. 버네이스는

103세까지 살았는데 죽기 직전까지 활동했으며, 한 시간에 1000달러를 받았다. 마지막 고객은 죽기 이틀 전에 만났다고 한다.

버네이스는 수많은 아이러니의 주인공이다. 버네이스는 나치스 독일의 국가대중계몽선전장관 요제프 괴벨스(1897~1945)가 자신의 책을 활용한다는 사실을 1933년 알게 됐다. 유대인인 버네이스가 유대인을 학살한 나치스에 일조한 셈이다.

자기 홍보에 열심이었지만, 정작 대중에게는 잊혀졌다는 것도 아이러니다.

프로파간다로부터 우리를 어떻게 보호할 것인가. 버네이스는 이렇게 말한다. "프로파간다에 대항하는 최상의 방어는, 더 많은 프로파간다다."

손목시계 그 자체로는 남성적이지도 여성적이지도 않다.
필수품도 사치품도 아니다.
상품의 용도를 결정하는 것은 '프로파간다'이다.

양보한다고 해서
포기가 아니라는 것 ———————————————

매슨 피리 《모든 논쟁에서 이기는 방법》

논쟁의 역사와 정치의 역사에서 기념비적인 일이 벌어졌다. 1960
년 9월 26일 일요일 아침, 60분 동안이었다.

미국 대선 역사상 최초의 TV 토론에서 민주당 존 F. 케네디 후보
와 공화당 리처드 닉슨 후보가 맞붙었다. 싸움에는 승자와 패자가 있
는 법. 라디오 청취자는 닉슨이 이기거나 비겼다고 평가했다. TV 시
청자는 케네디의 손을 들었다.

닉슨에게는 안됐지만, 1960년은 라디오 시대가 아니었다. 당시 미
국 가구의 88%에 TV가 있었다. 최대 약 7400만 명에 이르는 TV 시
청자가 이 역사적인 논쟁의 현장을 지켜본 것으로 추산된다. 눈을 감
고 들으면 닉슨이 더 조리 있게 논리적으로 말했는지 모른다. 하지만
TV에 이미지로 보이는 케네디가 더 건강하고 더 자신감 넘쳐 보였
다. 닉슨은 시선 처리가 불안했던 반면 케네디는 TV 카메라를 자신
있게 응시했다.

― 논리로 무장한 나쁜 사람은
   더욱 위험하다

이성 그리고 이성의 딸·아들격인 논리는 힘이 막강하다. 하지만 이성이 감성을 이긴다는 보장은 없다. 논리가 억지를 이긴다는 보장도 없다. 그러나 적어도 문명사회에서는, 이성과 논리가 기본이요 원칙이다. 감성과 비논리는 '플러스 알파', '양념'에 불과하다. 또 논쟁술은 감성과 비논리마저 이성적·논리적으로 접근해 흡수, 통합해버린다.

그런데 논쟁論爭이란 무엇인가. 서로 의견이 다른 사람들이 각각 자기주장을 말이나 글로 논하여 다투는 게 논쟁이다. 여기서 '논하다'는 "의견이나 이론을 조리 있게 말하다"라는 뜻이다. (야비하고 치졸한 '꼼수형' 논쟁 수단을 동원할 때도 일정한 논리가 필요하다.)

이러한 논쟁에 대한 정의를 우리 표준국어대사전에서 꼼꼼히 살펴보면 두 가지가 빼꼼 고개를 내민다. 첫째, 2개 이상의 서로 충돌하는 다른 의견이 있기에 논쟁이 필요하다. 불교의 서방정토西方淨土나 그리스도교의 신국神國에서는 의견이 단 하나로 통일될 것이다. 하지만 우리가 살고 있는 오늘날, 지금의 인간 사회에서는 다르다. 유일한 의견만 있는 사회는 전체주의 사회다. 둘째, 논쟁은 주먹싸움이 아니다. 말이나 글로 '점잖게' 하는 게 논쟁이다.

논쟁의 순우리말은 말싸움, 말다툼이다. "말로 옳고 그름을 가리는 다툼"이다. 이상하게도 글싸움이나 글다툼이라는 말은 없다. 왜 없을까. 우리 일상 언어생활에서 말싸움, 말다툼은 많아도 글싸움, 글다툼은 흔하지 않기 때문이다. 문명의 초기 단계에서 중간 단계로 넘어갈 때, 주먹질을 '말질'이 대체한다. 문명이 성숙하면 '말질'이 '글질'로 진화한다.

"지는 것이 이기는 것이다"라는 말을 삶의 모토로 삼고 있는 사람들이 많다. 한주먹거리도 안 되는 저급한 상대와 지루한 혈투로 '상처뿐인 영광'인 트로피를 안기보다는 너그럽게 양보하는 것이 도덕적으로나 실익 면에서 승자가 되는 길이기 때문이다. 이 책의 저자는 "논증에서는, 중요한 문제는 아무것도 포기하지 않으면서도 합리적이고 독단적이지 않은 것으로 보이기 위해 사소한 점은 양보하는 경우도 있다"고 말한다.

그러나 말 그대로 생사나 사활적 이익이 걸린 경우라면, 악착같이 죽기 살기로 싸워 이겨야 한다. 말싸움, 글싸움에서 이기려면 어떻게 해야 할까. 논쟁술의 대가에게 강의를 듣거나 논쟁술에 대한 책을 읽어야 한다. 논쟁술의 최고봉은 아리스토텔레스(기원전 384~322)이지만 그의 저작들은 21세기 독자들이 읽기에 좀 따분하다. 책이라기보다 거의 효과 직방인 수면제에 가깝다.

일단 아리스토텔레스의 《수사학》, 《시학》등을 가까운 훗날의 숙제로 남겨둔다면, 무엇을 먼저 읽어야 할까. 논쟁술에 대한 책은 홍수를 이룬다. 무엇을 우리 독자들이 읽을 것인가. 고심(애쏨) 끝에 선정 기준을 3가지로 좁혔다. 첫째, 고전이거나 사실상 고전 반열에 오른 책일 것. 둘째, 재미있을 것. 셋째, 책도 중요하지만 저자도 흥미로운 사람, 영감을 주는 사람일 것.

— 논쟁이란
논거가 있는 주장을 펴는 것이다

이 세 기준에 맞춰 선정한 책이 매슨 피리의 《모든 논쟁에서 이기는 방법How to Win Every Argument》이다. 영문판 부제는 'The Use and Abuse of Logic'이다. 심하지 않게 가벼운 정도로 의역한다면, '논리의 선용과 악용'이다. (이 책 영문판은 2006년에 초판, 2015년에 제2판이 출간됐다. 초판을 번역한 한글판은 2007년에 나왔다. 한글판은 현재 품절 상태다. 알라딘을 비롯한 온오프라인 중고 서점에서 살 수 있다. 초판과 재판이 큰 차이는 없다.)

이 책을 영어로 읽는다면, 'argument'가 우리말로는 ① 논쟁·언쟁·말다툼, ② 주장, ③ 논거를 의미한다는 점에 유의해야 한다. 자칫 헷갈릴 수 있다. 우리말로 '논쟁은 논거가 뒷받침하는 주장을 펴는 것이다'라고 하면 이해에 무리가 없다.

이 책은 우선 '출판사의 경고'가 인상적이다. 책 뒤표지에 이렇게 적혀 있다. "이 책을 나쁜 사람이 손에 쥔다면 위험하다. 우리의 권장 사항은, 여러분이 이 책으로 무장하되 다른 사람의 손에는 닿지 않게 하라는 것이다. 만일 이 책을 선물하신다면, 받는 사람을 신뢰하는 경우에 한정하시라."

《모든 논쟁에서 이기는 방법》의 저자는 매슨 피리Madsen Pirie다. 애덤스미스연구소ASI 창립 소장이다. 1978년 창립된 ASI는 국내경제·국제경제 정책을 개발하는 세계적인 싱크탱크다. 자유시장경제와 고전적 자유주의를 표방한다. ASI는 초당파 싱크탱크이지만, 마거릿 대처 총리 시대(1979~1990)에 정책연구센터(CPS)와 경제문제연구소(IEA)와 더불어 국유산업 민영화에 지적인 기반을 제공한 것으로 유명하다. 매슨 피리는 스코틀랜드 최고 명문인 에든버러대(역사학 석사)과 세인 트앤드루스대(철학박사)에서 공부했다. 피리는 11~14세 어린이를 위 한 과학소설^{SF}을 3권이나 쓴 작가로 팬이 많다.

《모든 논쟁에서 이기는 방법》은 서론에 해당하는 맨 앞 30페이지 다음에는, 91개 오류를 a에서 z까지 알파벳 순서로 정리했다.(한글판 은 가나다순이다.)

이 책에는 circulus in probando, cum hoc ergo propterhoc, petition principia, quaternioterminorum, tuquoque 등 생경한 라틴어로 이름 붙인 오류가 나온다. 영어도 골치 아픈데 라틴어까지 괴롭히겠다고? 논리에 대한 연구가 고대 그리스에서 출발했지만, 로마제국을 거치며 자리 잡았기 때문이다. 저자와 함께하면 전혀 기죽을 필요 없다. 그 는 최대한 재미있고 유머 있게 논쟁술의 세계로 안내한다.

— '초등학생도 아는'이란 말도
논리적 오류다

매슨 피리가 소개하는 오류들은 추론 과정이 틀어질 때 생긴다. 여러분이 내린 결론이 터무니없는 주장이 아니라, 전제·증거에 기반하고 있다는 것을 논리적으로 밝히는 과정이 추론이다.

하지만 논리보다는, 비논리가 강할 때가 더 많다. 이 책은 논리보다 비논리가 어떻게 정치의 세계와 비즈니스의 세계(특히 광고의 세계)를 장악하고 있는지 많은 사례를 인용하며 밝히고 있다. 아직은 많은 사람이 논쟁술을 모른다. 사람들이 논쟁술을 알기 전까지는, 정치의 세계에서 비논리적인 '말꼬리 잡기'나 인신공격이 통할 것이다. 또 광고의 세계도 비이성적·비논리적인 메시지로 소비자를 자극할 수 있을 것이다.

이 책에서 소개하는 91가지 오류 중에서 다섯 가지를 선별해 소개한다.

1. 지고至古 논증argumentum ad antiquitam, argument from antiquity

단지 오래됐다는 이유 하나만으로 그것이 좋거나 옳다고 여기는 오류다. '그 자신'이 보수파에 가까운 저자는, "영국 보수당은 '지고 논증'이다. 애국주의건, 영국의 위대함이건, 규율이건 오래된 것은 좋을 수밖에 없다는 것이다"라고 말한다. 수십 년 역사와 전통을 자랑하는 기업은 '지고 논증'이라는 논리적 함정에 빠질 가능성이 크다.

2. 사람 공격에 의한 논증Argumentum ad hominem

상대편의 주장을 공격하는 것이 아니라 상대편 자체를 공격하는 것이다. 아무개는 '친일파다', '빨갱이다'라는 식으로 논점을 흐리는 것이다. 기업 현장에서는 이런 오류가 나올 수 있다. "우리 홍길동 사원의 주장은 틀렸다. 왜냐하면 그는 신입사원이고 아직 업무 파악도 제대로 하지 못했기 때문이다." 홍길동 사원이 오늘 처음 출근했더라도 부장·상무·전무·부사장보다 더 우리 회사의 문제점이나 앞으로 나아갈 길을 잘 파악하고 있을 수 있다.

3. 냉소적인 논증 Non-anticipation

이 오류에 대해 한글판은 '과거에 다 해본 것이라고 응수하라'고 나와 있다. 상당한 기간 회사가 유지되다 보면, 이런저런 다양한 사업을 건드려보기 마련이다. 성공하는 경우도 많지만 실패하는 경우는 더 많을 것이다. 5년 전, 10년 전에 실패했더라도 오늘부터 차근차근 준비해 시도하면 성공할 수 있는 사업 아이템도 많다. 근거가 충분하다면, '해봤는데 안 됐다'는 주장에 '깨갱'할 필요는 없다.

4. 학교 다니는 모든 남자애도 다 아는 Every schoolboy knows

우리말 표현으로는 '삼척동자도 다 아는', '초등학생도 아는'이라고 표현할 수 있는 오류다. 모든 논쟁 참가자는, 논쟁에 참여하기 전에 준비를 철저히 해야 한다. 그리고 평소에 독서를 많이 해야 한다. 책은 안 읽더라도 최소한 신문·잡지를 많이 읽어야 한다. 모르면 뭔가 떳떳하지 못하고 불안하다.

5. 허수아비 The straw man

상대편 입장을 의도적으로 왜곡해 '허상'을 만들고 그 '허상'을 공격하는 것이다.

이 책의 마지막 페이지를 읽다 보니 '논리적인 오류도 엄연히 설득 세계의 일부다'라는 생각이 든다. 모르고 범하는 오류도 있고 알면서도 고의로 저지르는 오류도 있다. 어쨌든 논쟁술은 정치와 비즈니스의 세계에서 꼭 필요하다.

매슨 피리는 이렇게 말한다.

- 조크는 청중을 내 편으로 만들 수 있지만, 논쟁을 이길 수는 없다.
- 편익도 비용도 금전적일 필요는 없다.
- 오래됨을 옳음의 지침으로 생각하는 게 오류라면, 단지 새롭다는 이유로 뭔가가 더 옳다고 생각하는 것 또한 오류다.
- 합리적으로 보이는 최상의 방법은 실제로 합리적이 되는 것이다.

논쟁술의 논리를 알면
세상을 합리적으로 지배할 수 있다.

뭐부터 읽어야 할지
고민하는 너에게

뭐부터 읽어야 할지
고민하는 너에게

초판 1쇄 인쇄 2020년 8월 25일
초판 1쇄 발행 2020년 9월 10일

지은이 김환영
펴낸이 오세인 | 펴낸곳 세종서적(주)

주간 정소연 | 편집 장여진 | 표지 디자인 별을잡는그물 양미정 | 본문 디자인 HEEYA
마케팅 임세현 | 경영지원 홍성우
인쇄 천광인쇄

출판등록 1992년 3월 4일 제4-172호
주소   서울시 광진구 천호대로132길 15, 세종 SMS 빌딩 3층
전화   마케팅 (02)778-4179, 편집 (02)775-7011 | 팩스 (02)776-4013
홈페이지   www.sejongbooks.co.kr | 블로그 sejongbook.blog.me
페이스북   www.facebook.com/sejongbooks | 원고모집 sejong.edit@gmail.com

ISBN 978-89-8407-798-0 (03190)

이 도서의 국립중앙도서관 출판시도서목록(CIP)은 서지정보유통지원시스템
홈페이지(http://seoji.nl.go.kr)와 국가자료공동목록시스템(http://www.nl.go.kr/kolisnet)에서
이용하실 수 있습니다.(CIP제어번호: CIP2020033973)

나는 사랑받기 때문에 사랑한다

_ 에리히 프롬《사랑의 기술》

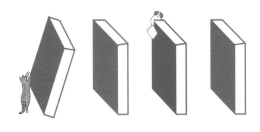

나는 종종 내가 말했기 때문에 후회한다.

침묵을 지켰기 때문에 후회한 적은 절대 없다.

_ 푸블릴리우스 시루스《문장》

POSTCARD

POSTCARD

큰 일을 하려면 어중간하게 해서는 아무것도 안 돼.

그러니까 철저하게 해버리는 거야.

너무나 미친 짓이라서 도저히 믿을 수 없을 정도로.

_ 로알드 달 《마틸다》

조크는 청중을 내 편으로 만들 수 있지만,

논쟁을 이길 수는 없다.

_ 매슨 피리 《모든 논쟁에서 이기는 방법》

POSTCARD

POSTCARD

나는 사랑받기 때문에 사랑한다

_ 에리히 프롬《사랑의 기술》

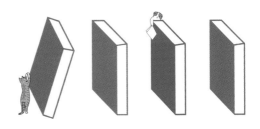

나는 종종 내가 말했기 때문에 후회한다.

침묵을 지켰기 때문에 후회한 적은 절대 없다.

_ 푸블릴리우스 시루스《문장》

POSTCARD

POSTCARD

큰 일을 하려면 어중간하게 해서는 아무것도 안 돼.

그러니까 철저하게 해버리는 거야.

너무나 미친 짓이라서 도저히 믿을 수 없을 정도로.

_ 로알드 달 《마틸다》

조크는 청중을 내 편으로 만들 수 있지만,

논쟁을 이길 수는 없다.

_ 매슨 피리 《모든 논쟁에서 이기는 방법》

POSTCARD

POSTCARD